건국전쟁

건국전쟁_오리지널 각본집

펴 낸 곳 투나미스
발 행 인 유지훈
지 은 이 김덕영ⓒ
프로듀서 류효재 변지원
기　　 획 이연승 최지은
마 케 팅 전희정 배윤주 고은경
초판발행 2024년 03월 31일
초판인쇄 2024년 03월 15일
주　　 소 수원시 권선구 서호동로14번길 17-11
대표전화 031-244-8480 | 팩스 031-244-8480
이 메 일 ouilove2@hanmail.net
홈페이지 www.tunamis.co.kr
ISBN: 979-11-90847-55-1(03680) 종이책
ISBN: 979-11-90847-56-8(05680) 전자책

건국전쟁

오리지널 각본집

김덕영 지음

투나
미스

❍ 주요 등장인물

류석춘 전 연세대학교 사회학과 교수

"이승만 대통령에 대한 비난과 오해가 계속되는 이유는 북한이 이승만 대통령만 없으면 적화통일을 했을 텐데 그것이 북한으로서는 천추의 한이 되었기 때문이죠."

데이빗 필즈 위스콘신대학교 동아시아센터 부소장

"이승만은 미국과 대한민국이 긴밀한 관계를 유지할 것이라는 비전을 갖고 있었다. 아무도 그당시 그런 생각을 갖고 있었던 사람은 없었습니다. 오직 이승만만이 그런 생각을 품고 있었습니다."

그렉 브레진스키 조지워싱턴대 교수

"한국이 자신의 역사를 정직하게 점검하고 자신의 지도자를 정확하게 평가하기 위해서는 필요한 게 있습니다. 가장 중요한 작업은 문서와 기록 자료에 기초한 평가입니다. 한국은 1950년대 자료에 대한 연구가 절대적으로 부족합니다."

송재윤 캐나다 맥매스터대학교 교수, 『슬픈중국』 저자

"수천 년 동안 함께 살아왔던 한 나라가 분단된 지 70여 년 만에 어떻게 이렇게 극단적인 두 나라로 나아갈 수가 있었을까? 오늘날 한국은 왜 한국이 되었고 북한은 왜 북한이 되었냐를 어떻게 과연 설명할 수 있을까? 그것을 놓고 전 세계 학자들이 큰 논쟁을 벌이고 있죠."

김은구 트루스포럼 대표

"사후에 인식하시고 나셔서 '그러면 내가 내려가야 되겠네'라고까지 말씀을 하신 분이시거든요. 그렇기 때문에 자유당과 그 당시에 이승만 대통령을 지지하던 관료들이 진행한 일들과 이승만 대통령을 분리해서 이해할 필요가 있다고 생각을 합니다."

마이클 브린 전 외신기자연합회 회장

"한반도의 분단은 역설적이게도 대한민국이 오늘날처럼 발전하는 중요한 요인이 됐다. 만약 한반도가 분단이 되지 않았다면, 대한민국은 아마 미얀마 같은 나라, 혹은 공산주의 국가가 되었을 것이다."

용어설명

나레이션

영화나 연극, TV 드라마, 다큐멘터리 등에서 화면 또는 장면에 넣는 해설 등을 이르는 말이다. 라틴어로 '말하다'라는 뜻을 지닌 '나로'에서 파생한 영어 단어인 내러티브와도 관계가 깊다. 아울러 내레이션을 하는 사람을 가리켜 내레이터라 한다. 「건국전쟁」은 김덕영 감독이 직접 내레이터를 맡았다.

인서트

화면의 특정 동작이나 상황을 강조하기 위해 삽입한 화면, 또는 삽입하는 것. 인서트 화면이 없어도 장면을 이해하는 데에는 별다른 지장이 없으나 인서트를 삽입함으로써 상황이 명확해지는 한편 스토리가 강조된다. 예를 들어 주인공이 필사적으로 달려가는 장면을 구성할 때 장면 중간에 주인공의 땀 흘리는 얼굴 클로즈업을 인서트로 삽입하면 전체 장면을 훨씬 더 생생하게 표현할 수 있다. 인서트 화면으로는 대개 클로즈업을 사용한다.

김덕영 감독

30년 경력의 다큐멘터리 영화감독이자 리버티국제영화제 집행위원장. 2020년 제작한 다큐멘터리 영화 「김일성의 아이들」은 전 세계 17개국에서 개최된 주요 영화제에서 공식 경쟁작으로 선정되었고 이탈리아 로마국제무비어워드 및 동유럽 국제영화 등에서 다큐멘터리 최우수 작품상을 수상했다.

2024년 제작 발표한 「건국전쟁」은 그가 3년 동안 대한민국 건국의 역사에 관한 진실을 찾아다니며 자료를 발굴, 국내 최초로 공개한 기록 필름이다. 우리가 몰랐던 이승만 시대를 둘러싼 진실이 마침내 상영관을 통해 전국으로 확산된 것이다. 아울러 김덕영 감독의 작품은 국제영화제 수상과 아울러, BBC와 뉴욕타임스도 주목해왔다.

차
례

"1960년 전까지 대한민국의 역사는 이승만의 역사였다"

1. 오프닝

2023년 발전과 번영된 현재의 대한민국에서 시간은 역순으로 흐른다. 선진국 정상회담에 참가한 대한민국 대통령, 북한의 북핵 도발, 김일성 혁명광장 북한군 열병식, 반도체, 조선, 철강, 가전 등으로 빠르게 발전하는 대한민국, BTS, 전 세계 한류 확산, 폐쇄와 고립주의에 빠진 북한 사회, 90년대 북한 고난의 행군, IMF 금모으기, 88 서울올림픽, 북한의 테러, 87년 6월 민주화 항쟁, 박정희 경제개발, 남북 체제 경쟁, 4·19혁명, 1950년 한국전쟁, 좌우익의 갈등, 해방, 일제 식민지 시대로 시간이 거꾸로 흐른다.

나레이션

지금 세계는 대한민국의 눈부신 경제 발전을 경이로운 눈으로 지켜보고 있다. 원조를 받던 나라에서 원조를 주는 나라, 가난과 빈곤에 허덕이던 나라에서 반도체와 첨단 테크놀로지로 세계 경제를 좌우하고 있는 대한민국. 하지만 공산주의의 길을 선택한 북한은 대한민국과 완전히 다른 길을 걷고 있다.

도대체 이런 차이는 왜 생겨난 것일까?

마이클 리

대한민국은 첫 단추가 잘못 끼워져 있어요. 우리가 대한민국에 살잖아요? 대한민국 국민이고 태극기를 휘날리는 우리는 대한민국 사람이야. 우리 대한민국을 자랑스럽게 생각해야 돼. 당연하잖아요. 그런데 대한민국 국민들이 건국한 지 70년이 넘도록 대한민국을 짓밟고 살아요. 우리 이승만 박사라는 위대한 지도자가 탄생해서 세계의 인류 역사에 아주 괄목할 만한 사건이 우리나라 대한민국 건국인데 이것을 아직도 인정하지 않아요. 국민이 그분 덕분에 자유를 누리고 경제적인 풍요를 누리고 살면서도 이승만 박사의 업적을 무시해 버리는 겁니다. 잘못된 거죠. 첫 단추부터.

김일성 vs 이승만

나레이션

해방, 전쟁, 분단으로 이어지는 한반도의 역사에서 남과 북에는 서로 다른 체제와 제도가 만들어졌다. 그리고 그곳엔 두 개의 나라를 이끌었던 인물이 있었다. 공산주의 독자 노선으로 고립을 자초했던 북한의 김일성 그리고 자유민주주의와 시장경제로 대표되는 이승만, 바로 그들이 있었다.

송재윤

수천 년 동안 함께 살아왔던 한 나라가 분단된 지 70여 년만에 어떻게 이렇게 극단적인 두 나라로 나아갈 수가 있었을까, 오늘날 한국은 왜 한국이 되었고 북한은 왜 북한이 되었냐를 어떻게 과연 설명할 수 있을까, 그것을 놓고 정치학자들이 가장 큰 논쟁을 벌이고 있죠.

이승만 귀국

나레이션

한반도 분단의 역사, 현재도 계속되고 있는 남북 체제와 이데올로기 경쟁은 결국 이승만과 김일성의 대결이었다.

에드먼드 황

이승만 박사의 지성과 비전이 아니었다면 …, 그는 대단한 선견지명이 있는 사람이었습니다. 그러니 결단력과 고집이 없었다면 대한민국은 없었을 거라고 생각합니다.

인서트

한반도는 공산주의와 자본주의, 대륙문명과 해양문명이 충돌하는 첨예한 지점에 존재한다. 치열한 갈등이 존재할 수밖에 없는 구조다.

류석춘

이승만 대통령에 대한 비난과 오해가 계속되는 이유는 북한이 이승만 대통령만 없으면 적화통일을 했을 텐데 그것이 북한으로서는 정말 천추의 한이 되는 부분이라 북한하고 연계된 남쪽 사람들이 북한의 얘기를 반복하면서 계속되고 있다고 저는 생각합니다.

이동욱

그 시절에 대한민국의 모든 언론사는 이승만에게 다 돌을 던졌어요. 대한민국은 1948년 8월 15일 이승만에 의해서 비로소 해양문명으로 돌아선 나라입니다. 그 이후에 우리는 오늘날 단군 이래 가장 유복하게 지금 이 풍요를 누리고 있죠. 그런데 이 속에서 이승만 대통령이 말씀하셨던 그 자유가 무엇인지 정말 지금까지 제대로 교육된 바 없고요. 앞으로도 누군가에 의해서 제대로 교육되어야 하지만 그런 노력을 하는 사람은 찾기 힘드네요.

류석춘

사실 이승만 대통령이 80이 될 때까지 대통령을 하게 만든 것은 잘못이라고 생각해요. 건강이 어느 정도 유지가 될 때는 좋은데. 그래 가지고 나중에는 측근들이 둘러싸고 눈과 귀를 막으면서 이제 이승만 대통령 본인의 어떤 그 근본적인 생각하고는 상관없이 주변 사람들이 에워싸가지고 자기들 이해관계를 관철시키고 하는 그것을 왜 미연에 미리 막지 못했느냐는 정치적 책임을 지고 본인이 이제 4·19때 사표를 내고 그랬는데, 이승만 대통령은 그런 허물이 있다고 해서 100% 지워버리는 좌익들의 악질적인 행태는 정말 우리가 하나부터 열까지 다 낱낱이 밝혀서 이승만 대통령이라는 사람이 어떤 사람인지를 좀 제대로 알려야 된다고 생각합니다.

나레이션

이런 관점으로 1945년 해방 이후, 대한민국 사회를 살펴볼 때, 한 가지 흥미로운 현상이 발견된다. 그것은 바로 '이승만 죽이기'라는 현상이었다.

데이빗 필즈

이승만이 사치스러운 삶을 살았다는 증거는 없습니다. 미국에서의 그가 살았던 집은 고급스럽지 않고 아주 검소했어요. 자신을 위해 대저택을 짓거나 최신 차를 구입하지 않았어요. 미국을 횡단할 때에도 저렴한 중고 윌리스 자동차를 타고 다녔어요. 저는 이승만이 한국 독립을 위한 자금을 매우 신중하게 사용했다고 생각합니다. 그는 가난하게 살지도 않았지만 그렇다고 편안하게 살지도 않았어요. 1930년대에는 미국에서 여행하는 것이 매우 힘들고 어려웠는데 이승만은 매년 수천 마일을 돌아다녔습니다.

그렉 브레진스키

사실, 이승만이 친일파라는 아이디어가 어떻게 생겼는지 정확히 모르겠습니다. 저는 20년 이상 한국에 관심을 가지고 일해왔는데, 보수나 진보인 사람 그 누구도 이승만이 친일파라고 말한 적이 없습니다. 적어도 제게는요. 그래서 이 주장이 어디서 시작되었는지 정말 모르겠습니다. 이승만이 친일파라고 주장하는 사람들은 아마 북한이나 중국 공산주의자들일 겁니다.

2. 거짓 이데올로기

그렉 브레진스키

저는 이승만이 미국의 꼭두각시(pet, 애완동물)였다는 의견에 동의하지 않습니다. 사실 그는 미국과 매우 긴장된 관계를 가졌습니다. 대통령 재직 기간 동안 미국은 한국전쟁 중에 이승만을 교체하려고도 했습니다. 이승만이 너무 완고했던 거지요.

나레이션

대한민국 정치 지도자들 중에서 이승만처럼 거짓과 왜곡으로 비난과 조롱을 당한 경우는 없다. 그에는 독재자, 친일파, 미국의 꼭두각시라는 오명이 늘 따라다녔다. 하와이로 망명을 했다가나, 해외 은행에 비자금을 조성했다 식의 루머도 있었다.

심지어 전쟁통에 한강다리를 끊고 도망쳤다면서 '런승만'이라고 조롱을 하거나 '플레이보이'였다고 비난하는 다큐멘터리도 있었다.

인서트
그가 대한민국의 독립과 건국, 그리고 공산화의 위기에 몰렸던 조국을 구해낸 지도자였다는 실제 사실과 비교하면 너무나 잔인한 평가였다.

인서트
이승만에 대한 비판은 모든 게 거짓과 왜곡으로 가득 차 있다. 그리고 이런 혹독한 비난은 해방 이후 북한이 유지해온 평가와 일치한다.

나레이션
도대체 그는 정말 어떤 존재였던 것일까? 그리고 해방과 건국, 한국전쟁의 과정 속에서 이승만을 두고 무슨 일이 있었던 것일까? 남북의 이데올로기 대결 구도 속에서 북한은 도대체 왜 이승만이란 존재와 그 이미지를 지워야 했던 것일까?

체 게바라 사진

체 게바라, 그는 어쩌면 '예수' 이후로 세계인들에게 가장 사랑
받는 사람일지도 모른다. 먼 남미의 한 혁명가를, 그것도 자신의
나라가 아닌 다른 나라의 혁명에 참여하다 총탄에 쓰러진 그를,
사후에 손가락 하나는 그의 죽음을 알리는 수단으로 미국에 보
내지기까지 한 그를 사람들은 사랑하고 존경한다. 프랑스 철학
자 사르트르는 그를 '20세기의 가장 완전한 인간'이라고 했다.

나레이션
실제로 세계의 역사적 사건과 인물들 속에는 실상이 제대로 알려져
있지 않은 경우가 많다. 가짜가 진짜가 되고 거짓이 진실이 되는 경
우들이다. 체 게바라에 관한 이미지가 대표적인 경우에 해당된다.

쿠바 혁명의 전설적인 아이콘, 체 게바라. 그는 피델 카스트로와 함께 공산혁명에 참여했다. 1967년 볼리비아에 잠입해서 활동 중 정부군에 생포, 처형되어 사망했다.

나레이션
1960년대 당시 유럽과 미국을 휩쓴 신좌파운동에 힘입어 게바라는 성인이 되었다. 장 폴 사르트르는 게바라를 가리켜 '우리 시대의 가장 완전한 인간'이라 칭송했다.

게바라 벽화

나레이션

그의 얼굴이 새겨진 티셔츠는 전 세계적인 히트 상품이 됐다. 2004
년에는 그의 생애를 소재로 한 영화가 개봉되기도 했다.

영화 '모터사이클 다이어리'

나레이션

2007년 체 게바라의 실체를 폭로하는 책이 나오기 전까지 모든 것은 그저그런 줄로만 알았다. 영화의 소재가 된 게바라의 일기 역시 쿠바 정치선전부가 출간한 책이었다. 이 책에서 등장하는 게바라는 우리가 알고 있던 체 게바라와 너무나 달랐다.

Book, *Exposing the real Che Guevara, and the useful idiots who idolize him*

체 게바라는 1959년 쿠바 혁명정권의 비밀경찰 본부이자 정치범 수용수였던 '라 카바나'의 책임자였다. '라 카바나'에서 그가 처형한 정치범은 14,000여 명에 달했다. 가톨릭 사제, 지식인, 공무원은 물론이고 어린 소녀와 임신부를 직접 처형할 정도로 잔인한 인간이었다.

게바라는 민중적이고 검소했다?

게바라는 쿠바혁명이 성공하자마자 요트 선착장과 폭포가 딸린 거대 수영장, 사우나와 마사지 룸이 있었으며 욕실만 7개인 거대

저택을 자신의 거주지로 삼아 초호화판 생활을 누렸다. 게릴라전을 할 때도 롤렉스시계를 고집하던 인물이다.

게바라는 의사였다?
게바라가 나왔다는 아르헨티나의 부에노스아이레스 의과대학에는 그의 의학학위가 없다.

게바라는 가난한 농민들의 편이었다?
게바라는 매우 부유한 취향을 갖고 있었다. 그는 카스트로와 함께 아바나에 입성한 후 바닷가에 위치한, 당시 쿠바에서 가장 크고 호화로운 저택을 차지해 새로 결혼한 백인 아내와 함께 귀족적인 삶을 즐겼다.

게바라는 의로운 혁명가였다?
볼리비아에서 처형될 당시 목숨을 구걸한 비겁한 사이비 혁명가였다.

괴벨스 선전·선동

나레이션

거짓과 이데올로기가 위험한 까닭은 그로 인해 누군가는 거짓으로 가짜 영웅이 만들어지고, 또 누군가는 죄없는 사람이 반역자가 될 수 있다는 사실 때문이다.

3. 이승만 죽이기

경무대 앞으로 진출하는 학생 시위대 발포하는 경찰, 쓰러지는 학생들, 진압하는 경찰들

이한우

두 번째는 이제 역사가 4·19로 몰락하면서 그쪽의 어떤 그걸 옹호할 수 있는 학자 혹은 지식인 그룹이 무너진 것도 사실은 굉장히 중요한 거죠. 그런데 이게 그후에 평가와 관련해서 매우 중요한 역할을 해야 되는데 "그게 아니다"라고 말해줄 사람이 아무도 없었던 거죠. 그 결과 어떻게 됐냐면 점점 실제 살아온, 혹은 우리가 이룩한 역사와는 실상과 동떨어진 이야기들을 가지고 점점 우리 역사를 보게 된 게 지금까지 이어지고 있는 거라고 저는 생각을 하거든요.

나레이션

1960년 4월 19일, 이 날은 이승만에게 잊지 못할 순간 중 하나였다. 그 순간부터 이승만에 대한 비난과 왜곡은 정점을 찍기 시작했다. 독재자 이승만이란 이미지가 만들어진 것이다.

김은구

이것이 역사전쟁이고, 이승만 대통령에 대한 폄훼, 의도적인 폄훼나 이런 것들은 특히 북한과 연결된, 대한민국의 정통성을 부정하는 세력의 역사전쟁의 일환으로 진행돼 온 일이라는 것을 인식할 필요가 있다고 생각합니다.

인서트

이승만은 이미 1954년 대통령 선거에서도 자신이 너무 나이가 많다는 것을 이유로 출마를 하지 않겠다고 했다. 문제는 자기 혼자서 모든 결정을 내리기에는 대한민국이란 국가 앞에 너무나 산적한 과제들이 많았다. 그런 요구들을 무시하고 자기 하고 싶은 대로 할 수는 없는 처지였다.

김은구

하지만 이승만 대통령이 그 일을 주도했다 이런 증거는 사실 존재하지 않습니다. 오히려 말씀하신 것처럼 이런 일들이 이렇게 진행된 것들을 사후에 인식하시고 나서서 "그러면 내가 내려가야 되겠네"라고까지 말씀을 하신 분이시거든요. 그렇기 때문에 자유당과 그 당시에 이승만 대통령을 지지하던 관료들이 진행한 일들과 이승만 대통령을 분리해서 이해할 필요가 있다고 생각을 합니다.

인서트

에드먼드 황

생각을 좀더 명확히 정리해 보겠습니다. 이승만 박사를 기억할 때, 가장 중요한 것은 그분이 조국을 깊이 사랑했다는 점입니다. 하지만 안타깝게도 그의 유산은 마지막 임기 동안 그를 둘러싼 사람들에 의해 훼손되었습니다. 제가 알기로, 그는 정치적인 이유 탓에 원치는 않았지만 어쩔 수 없이 임기를 수행해야 했습니다. 그 시점까지도 그는 자신이 특정 인물들에 의해 이용당하고 있었다는 사실을 진정으로 깨닫지 못했다고 봅니다. 하지만 결국에는 깨달았고 학생들이 반란을 일으키자 사표를 제출했습니다. 이 사건이 없었다면 그는 대한민국 초대 대통령으로서의 업적을 더욱 빛낼 수 있었을 것입니다.

나레이션
도대체 3선 대통령까지 했던 85세 고령의 이승만은 왜 4선에 도전해야 했던 것일까?

1960년 3월 15일 선거 자료 화면

나레이션

1960년 3·15 선거 당시, 곳곳에서 부정투표 정황이 포착되었던 것은 사실이다. 하지만 대통령 스스로 부정선거를 저질렀을 가능성은 없었다. 왜냐하면 이미 야당의 대선 후보가 선거를 앞두고 사망했기 때문이다.

인서트

당시 후보로 나왔던 조병옥 후보가 미국에서 수술을 받던 중 사망하면서 대통령 선거는 이미 이승만의 당선으로 결론이 내려졌다. 공교롭게도 이미 1956년 대통령 선거에서도 똑같은 일이 벌어졌었다. 야당 대선 주자였던 신익희 후보가 유세 중 사망하면서 승부는 결정된 것이나 다름없었다. 후보가 중간에 두 번이나 사망하는 것을 경험하면서 하늘이 내린 인물이라고 말하는 사람들도 있었다.

이경복

부정선거를 해서 쫓겨났다고 그러는데 부정선거는 이승만 대통령이 한 것 아니잖아요. 그 양반은 경쟁할 필요도 없이 혼자 입후보 됐던 분이라고요. 대통령을 하기 싫어도 하게 돼 있는 상황이었고 그래서 당시 부통령이 되려고 했던 이기붕 밑에 있는 사람들이 부정선거를 하다가 결국은 그런 일이 벌어졌는데.

인서트

당시 대중적 지지기반이 약했던 이기붕은 부통령에 당선되지 못할 가능성이 높았습니다. 그렇게 되면 자연스럽게 장면이 대통령직을 인수받게 되어 있었습니다. 자유당 내에서 부정선거에 대한 유혹이 있을 수밖에 없었습니다.

인서트

당시 미국과 일본 정부에 있어 한일 국교 정상화는 절실한 문제였습니다. 한국으로서는 이걸 저지하는 것이 중요한 문제였습니다. 자유당 관계자들은 이승만에게 한 번만 더 국정을 맡아달라고 호소했습니다. 어쨌든 외교 부문에서는 이승만을 따라올 자가 없었기 때문입니다.

나레이션

실제로 당시 4·19 전후의 국무회의록을 보면 이승만이 사태의 심각성을 깨닫기 시작한 것은 대략 4월 12일 경으로 보인다. 3·15 부정선거와 이승만이 무관했다는 결정적 증거다.

이승만

나로서는 지금 긴급히 또 좋다고 생각하는 것은 내가 사면(하야)하는 것이라고 생각합니다. 여러분도 잘 연구하여 보십시오.

(1960년 4월 12일, 제1공화국 국무 회의록)

인서트

실제로 4·19 봉기가 일어난 지 일주일 뒤인 1960년 7월 26일 대통령 하야 성명이 나왔습니다. 사람들은 부정선거를 저지른 독재자라는 누명을 그에게 씌웠는데, 정치적 책임을 지고 스스로 일주일만에 권력을 내놓은 독재자가 있었습니까?

송재윤

그때 4·19때 많은 사람들이 총을 맞고 죽었습니다. 그 현실을 본 다음에 하야를 했잖습니까? 하야를 안하고 뭉개고 더 과도한 탄압으로 인민들의 민주화 열망을 짓뭉겠으면 어떻게 됐을까요? 그 사례를 중국에서 볼 수가 있었습니다. 중국에선 시위가 없었을까요? 시위가 굉장히 많았죠. 많은 사람들이 일어났는데 철권통치로 정치적인 억압을 통해서 다 제압을 했던 겁니다. 북한의 역사를 보십시오. 조금의 자유도 허락하지 않았기 때문에 유지가 됐던 독재정권이죠. 이승만 대통령은 그런 식의 길을 가지 않았습니다. 기본적인 자유민주적 원칙에 따라서 하야를 하고 그렇기 때문에 이승만 대통령의 결말은 비극으로 끝났지만 사실 그분은 자기 약속을 지켰던 거죠. 저는 늘 그렇게 생각하고 있습니다.

나레이션

이승만은 국민들의 뜻이 하야를 원하는 것이라면 기꺼이 자신이 국민들의 결정에 따라야 한다고 믿었다. 그리고 실제로 그렇게 자신의 말을 실천에 옮겼다.

에드먼드 황

네, 생각을 좀더 명확히 정리해 보겠습니다. 이승만 박사를 기억할 때, 가장 중요한 것은 그분이 조국을 깊이 사랑했다는 점입니다. 하지만 안타깝게도 그의 유산은 마지막 임기 동안 그를 둘러싼 사람들에 의해 훼손되었습니다. 제가 알기로, 그는 정치적인 이유 탓에 원치는 않았지만 어쩔 수 없이 임기를 수행해야 했습니다. 그때까지도 그는 자신이 특정 인물들에 의해 이용당하고 있었다는 사실을 진정으로 깨닫지 못했다고 봅니다. 하지만 결국에는 깨달았고 학생들이 반란을 일으키자 사표를 제출했습니다. 이 사건이 없었다면 그는 대한민국 초대 대통령으로서의 업적을 더욱 빛낼 수 있었을 것입니다.

이승만 대통령 하야 직전, 부상한 학생들을 방문하고 위로

김은구

우선 부정선거 이슈 자체에 관해서 알지 못하셨고, 그리고 이 사실을 인지하신 이후에는 서울대병원에 있는 학생들을 찾아가셔서 "불의를 보고 침묵하지 않은 것은 정말 장한 일이다. 내가 총 맞았어야 했는데 미안하다." 이런 말씀까지 하시면서 스스로 내려오셨거든요. 이런 부분들을 보면서 '독재자가 그렇게 할 수 있나?'… 독재자라고 평가하는 것이 타당한지 다시 한 번 반문해 보면 좋겠습니다.

인서트
조혜자 여사

네, 그때 어머님한테. 어머님이 그러시는데 아버님이 이제 학생들 부상 그 4·19에 부상당한 학생들을 위문하러 … 서울대학병원에서 위문하고 나오시면서 아버님이 우시더래요. "내가 맞아야 할 총알을 우리 애들이 맞았다고. 우리 귀한 애, 젊은 애들이 맞았다" 고 그냥 아버님이 우시더래요. 어머님은 "그냥 가슴이 아주 미어지는 것 같았다"고 그때 그러시더래요. 그만큼 안타까우셔서. 그랬던 거 아니겠지 싶습니다. 내가 맞아야 총알을 우리 애들이 맞았다고. 그것을.

이승만, 이화장으로 향하는 장면

'만수무강'

김은구

하야하실 때도, 하야하시는 순간에도 많은 행렬이 나와서 이승만 대통령을 환송하고 또 '만수무강하세요. 할아버지 건강하세요.' 이런 일들까지도 있었던 걸로 이해가 되는데요. '할아버지 건강하세요'라는 표현이 '만수무강하세요. 할아버지 만수무강하세요'라는 표현이 사실 이승만 대통령에 대한 일반 국민들의 인식을 정확히 반영한 그런 문구가 아닌가 그렇게 이해를 하고 있습니다.

인서트

대통령의 '만수무강'을 기원하는 문구도 등장했다. 비록 4·19와 같은 비극적인 사태가 있었지만 1960년 7월 이승만이 대통령에서 물러날 때만 해도 그에 대한 대중들의 믿음과 성원은 여전했다는 것을 알 수 있습니다.

인서트

송재윤

북한에서 정치적 자유가 더 많이 주어졌고, 정부가 좋은 정책을 잘 추진해서 민주혁명이 일어나지 않았을까요? 그렇다고 말할 수 있는 사람은 없다고 저는 생각합니다. 그렇다면 대한민국에서 4·19가 일어났던 것은 그만큼 사람들이 정치적 자유가 무엇인지 인권이 무엇인지, 정부가 무엇을 해서는 안 되는지, 그리고 공정선거가 왜 중요한지를 자각하고 있었다는 것이고 그 자각의 정도가 광범위하게 전민중적으로 퍼져 있었기 때문에 사람들이 그렇게 들고 일어났었다고 볼 수가 있죠. 그렇다면 사람들이 언제 그렇게 빨리 그런 식의 정신적 자각을 할 수 있었을까요?

그 비밀은 1950년대 초중고에서 상시적으로 시행되었던 교육에 있다고 생각을 합니다. 그때 그 사람들이 자유주의가 무엇인지, 민주주의가 무엇인지, 왜 선거가 중요한지 학교에서 배웠습니다. 그런데 현실에서 부정선거가 일어나니까 들고 일어났던 것이죠. 그렇게 본다면 이승만 정권이 실패만 한 정권이라고는 절대로 말할 수가 없을 겁니다. 오히려 너무나 성공적으로 자유민주주의를 추구했고 그리고 그 한계가 있었지만 그 악조건 하에서 뭔가 정책적 결실을 이뤄냈기 때문에 전 국민적으로 정신적인 변화가 일어났고 그 변화 결과, 실패한 정권이 되었습니다.

그래서 이거를 제가 여기 있는, 미주에 있는 학생들한테 설명을 하면서 아주 간단명료하게 "I think he was done in by one's own success." 이렇게 표현을 하는데요. 여기서 "done in by one's own success"라고 하면 너무나 성공했기 때문에 그게 상처가 돼 가지고 무너졌다는 얘기죠. 이런 식의 표현이 저는 적합하지 않을까 생각을 합니다. 무엇에 성공을 했냐, 바로 자유민주주의를 추구하고 자유민주주의를 정착시키려는 그의 노력이 성공적이었다는 것을 역설적으로 4·19 혁명의 성공을 통해서 우리가 볼 수 있다고 생각합니다.

1960년 7월 26일, 이승만은 하야 성명을 발표하고 곧바로 자택인 이화장으로 향했다. 그가 이화장으로 향하는 행렬을 지켜 보기 위해 많은 사람들이 몰려 들었다. 군중들은 권력을 내려놓고 평범한 개인을 삶을 선택하는 이승만에 박수를 보냈다. 그것은 국가의 아버지, 국부에 대한 존경심에서 우러나온 행동이었다.

인서트
송재윤

그 비밀은 1950년대 초중고에서 상시적으로 시행되었던 교육에 있다고 생각을 합니다. 그때 그 사람들이 자유주의가 무엇인지, 민주주의가 무엇인지, 왜 선거가 중요한지 학교에서 배웠습니다. 그런데 현실에서 부정선거가 일어나니까 들고 일어났던 것이죠. 그렇게 본다면 이승만 정권은 실패만 하는 정권이라고 절대로 말할 수가 없습니다. 오히려 너무나 성공적으로 자유민주주의를 추구했고 그리고 그 한계가 있었지만 그 악조건 하에서 뭔가 정책적 결실을 이뤄냈기 때문엔 국민적으로 정신적인 변화가 일어났고 그 변화 결과, 실패한 정권이 되었습니다.

그래서 이승만 대통령이 전쟁을 거치는 과정에서 독재자라는 비판을 듣게 되고 그런 과정에서 정치적으로 수세에 몰려 있을 때 외신 기자회견을 한 적이 있었습니다. 1952년입니다. 그때 이승만 대통령이 아주 간단 명료하게 여태까지 대한민국이 무엇을 해왔고 무엇을 추구해 왔는지를 정의한 적이 있었습니다. 그것이 바로 보면 첫 번째가 선거권을 모든 성인에게 확대했다는 것이죠. 그리고 최초 네 번의 민주 선거에서 투표율 90%의 정치 참여를 이끌었고요. 견제와 균형의 원리에 따라서 양원제를 도입했고, 전후 초중고에서는 대대적으로 자유민주주의 기본 이념을 가르쳤습니다. 이런 과정을 보게 되면 과연 누가 오늘날 풍요를 누리는 우리가 1948년에 전쟁을 거치고 이제 막 도약한 대한민국에 돌을 던질 수 있을까, 저는 못 던질 것 같아요. 그런 생각을 늘 하고 있습니다.

나레이션

하지만 이승만의 비극은 바로 그 순간부터 시작되었다. 그를 대한민국 땅에서 완전히 몰아내려는 음모가 시작되고 있었던 것이다.

주동완

그런 것들을 객관적이고 과학적으로 그렇게 해서 연구를 한 그런 업적들을 갖고 이야기를 하자는 거죠. 그냥 내가 어떤 쪽에 서있으니까 무조건 반대하고 무조건 지지하고, 이제 이거는 우리나라에서는 좀 없어져야 될 그러한 어떤 구시대의 구태가 아닌가 이렇게 생각을 하는 거죠.

그럴 때 진짜 이게 우리가 역사란 무엇인가라는 걸 느끼고 역사로부터 우리가 배우는 게 있을 것 같아요. '그냥 책으로만 대충 봐서 하는 이러한 역사 공부는 진정한 역사 공부가 아니다'라는 그런 생각이 들더라고요. 그래서 이승만에 대한 평가도 우리가 말로만 그냥 이렇게 또 어느 한쪽에서 이렇게 하는 것이 아니라, 이러한 각 세계에 퍼져 있고 지금도 이렇게 아직 발굴이 덜 된, 이러한 장소에 대한 역사를 찾아내고 발굴하고 거기에 우리가 갖고 있는 기존의 자료들을 융합시켜서 정말 생생한 것들을 만들면 참 좋겠다 하는 그런 생각을 하고, 저도 좀 힘은 없지만 제가 아직은 그런 쪽으로 해보려고 지금 노력을 하는 중이거든요.

관광객

사람들이 팩트(사실)를 가지고 이승만 대통령을 평가해야 되는데 그 팩트는 접어두고 자기들끼리 와전된 이야기만을 가지고 현장을 보지도 않고 잘못된 생각을 가지고 있으니까, 그걸 또 후손들에게 전달을 하고 있으니까 그게 가장 큰 문제라고 생각합니다.

4. 망명인가? 추방인가?

이른 아침 이화장을 빠져나가는 자동차

이동욱

이화장에 많은 물건들이 있는데 '이게 정말 망명이 맞습니까?'했더니 그분이 그동안 억눌러졌던 이런 봇물이 터졌다고 그럴까요? 한숨을 길게 팍 쉬면서 그게 말입니다. '망명이 아니었죠.' 이러시는 거예요. 아니 망명이 아니었고 또 하와이에 계셨던 오중정 총영사님부터 시작해서 많은 분들이 이승만 전 대통령을 보필하고 계셨는데 어떻게 역사는 지금까지 망명으로 남겨졌는지 그게 궁금해진 거죠.

그러니까 이승만 대통령은 자기 자신의 잘못이 아닌 자기의 부하들에 의한, 이 부정에 대한 정치적인 책임을 지고 물러나신 건데 이것을 일종의 정치적 공격으로 삼았던 세력들에게는 이승만에게 모든 책임을 다 덮어씌우고 그리고 조만간에 도망갈 거다, 망명 갈 거다 이런 얘기들을 끊임없이 퍼트린 거예요.

나레이션

대통령 직에서 하야한 지, 한 달이 안 되던 시점인 1960년 7월 29일 오전 7시, 이른 아침, 이화장에서 자동차가 한 대가 빠져나왔다. 차 안에는 전직 대통령 이승만과 프란체스카 여사가 타고 있었다. 놀랍게도 이화장 앞 공터에는 미리 현장에 대기하고 있던 신문기자가 있었다. 그에 의해서 이화장을 떠나는 전직 대통령 부부의 모습이 고스란히 카메라에 담겼다.

이한우

결국은 하나만 꼽으라고 그러면 이 박사가 우리한테 준 선물은
바로 한미동맹이죠. 한미동맹이고 또 우리한테 태평양이 우리 바
다라는 인식을 심어준 분이 이승만 대통령이거든요. 그런데 우리
는 그걸 잘 몰라요. 사실 이 박사야말로 평생을 태평양 한가운데
하와이에서 독립운동했죠.

경향신문 특종, 이승만 하와이 망명

인서트

이동욱

이승만의 하와이행에는 석연치 않은 점들이 많습니다. 무엇보다 이승만 본인은 하와이로 갈 생각이 애초에 없었습니다.

나레이션

놀랍게도 그날 경향신문은 이승만이 하와이로 망명을 갔다는 보도를 했다. 어떤 언론사도 알 수 없었던 '특종' 보도였다. 그런데 도대체 기자는 이른 아침부터 어떻게 이승만의 하와이행을 알고 있었던 것일까?

인서트

이동욱

이승만은 망명한 것이 아니다.

나레이션

과연, 누가, 왜 그를 하와이로 보낸 것일까? 지금까지 우리가 알고 있는 '이승만 망명설'은 사실인가? 만약 경향신문의 특종 보도가 오보였다면, 도대체 이승만 대통령 망명설은 어떻게 만들어졌는가?

1960년 5월 28일, 동아일보 신문

나레이션

사건이 일어나기 하루 전인 5월 28일, 동아일보는 갑작스럽게 '이
승만 부처 해외 망명설'이라는 제목의 기사를 특집으로 꾸며서
보도했다. 4·19혁명으로 권좌에서 물러난 이승만 대통령에 관한
첫 번째 의혹 보도였다.

인서트
이동욱

당시 이 기사를 작성한 인물은 동아일보 이웅희 기자였습니다. 그
는 기사 본문에서 주한 미국 대사 월터 매카나기가 이승만 박사

부부의 해외 망명을 주선하고 있다는 내용의 의혹을 제기했습니다. 하지만 당시 장면 정부 측근들은 망명 가능성을 일축했습니다. 한 마디로 '망명은 없으며 이승만 박사는 고국에서 여생을 보낼 생각을 갖고 있다'는 내용이었습니다.

나레이션

그런데 이 박사의 망명에 관한 의혹을 담고 있는 동아일보 기사가 나왔던 바로 그날 밤 11시, 경향신문 숙직실에서 기자를 찾는 의문의 전화가 걸려왔습니다. 전화를 건 사람은 자신의 신원을 밝히지 않은 채 당직 근무를 하고 있던 기자에게 뜻밖의 정보를 제공했습니다.

인서트

이동욱

그날 당직 근무를 서고 있던 사람이 바로 7월 29일 오전 7시, 이화장 앞에서 대통령의 차가 나오길 기다리고 있던 바로 그 사람, 윤양중 기자였습니다.

의문의 전화

목소리

경향신문 편집부 맞습니까?

윤양중 기자
네. 그렇습니다.

목소리
지금부터 내가 하는 소리 잘 들으시오. 내일 아침 일찍 이화장 쪽
동태를 잘 지켜 보면 큰 기삿거리가 있을 것이오.

나레이션
윤양중 기자는 신원을 밝히지 않은 의문의 전화를 받고 처음에
는 장난전화라고 생각했다. 뜬금없이 "내일 아침 7시 이화장 정
문 앞에서 기다리면 기삿거리가 있을 것"이라는 전화를 곧이곧대
로 믿을 수는 없는 일이었다. 그런데 전화를 끊고 책상을 정리하
던 윤양중 기자는 책상 옆 쌓여 있던 신문들 사이에서 커다란 헤
드라인 하나가 시선에 들어왔다. 하루 전날 발간된 '이승만 부처
의 해외 망명설'을 보도하는 동아일보였다.

인서트
이동욱
의문의 전화를 건 사람은 군인이었습니다. 순간 윤양중 기자는 자
신이 방금 전 받은 의문의 전화가 혹시 이승만 대통령의 해외 망
명과 관련된 정보일 수도 있을 것이란 생각이 머리를 스쳤습니다.
갑작스런 이승만 박사의 해외 망명설을 보도한 동아일보 기사, 그

리고 경향신문 숙직실로 밤 늦게 걸려 온 의문의 괴전화까지 모든 것은 이승만의 망명을 위해 준비된 각본과 같았습니다.

김포공항으로 향하는 이승만을 태운 자동차

나레이션

5월 29일 오전 7시 45분 경, 이승만 대통령을 태운 차량이 공항에 도착했다. 대통령을 태운 차량이 김포지역에 들어서자마자 놀랍게도 이미 시내에는 '이 박사 망명'이라는 제목의 호외가 뿌려지고 있었다.

인서트

이동욱

비행기 조종사들이 식사를 하러 간 사이, 대통령 내외는 기내에서 소지품 검사를 받았다. 전직 대통령에 대한 예우 같은 것은 없었다.

나레이션

두 명의 세관원들이 들어와 소지품 검사를 했다. 세관원들은 이 박사에게 양해를 구한 뒤 트렁크를 열었다. 안에 들어 있는 짐이라곤 이 박사 옷과 부인 옷, 그리고 이른 아침 출발한 대통령 내외를 위해 이화장 직원들이 만들어준 샌드위치와 마실 것이 전부였다. 평생 대통령을 보좌하며 프란체스카 여사가 문서 작성을 할 때 사용했던 타이프라이터(타자기)도 한 대 보였다.

그것이 이 대통령 부부가 하와이행 비행기에 오르기 위해 갖고 있었던 모든 짐이었다.

인서트

이동욱

잠시 후 앞에서 이 박사 차량을 쫓았던 경향신문 기자가 주변의 경비가 느슨해진 틈을 이용해서 비행기 안에 올랐습니다. 그리고 다짜고짜 대통령 내외에게 질문을 던졌습니다.

비행기 안에서 강요된 질문을 받은 이승만 대통령과 영부인 프란체스카

윤양중(경향신문 기자)

지금 심정이 어떠십니까?

프란체스카(영부인)

없습니다. 아이 러브 코리아!

나레이션

당시 기자는 옆자리에 앉아 있는 이승만 박사에게 물었다.

윤양중(경향신문 기자)

더 하실 말씀 없으십니까?

이승만(대통령)

이제 무슨 말을 하겠소. 그대로 떠나게 해주오.

나레이션

그것이 이승만 대통령과 프란체스카 여사의 마지막 말이었다.

인서트

이동욱

'혹시 망명에 대해서 의심을 해본 적은 없었습니까?'라고 윤양중 기자에게 물었습니다. 그러자 그때는 그렇게 생각할 수밖에 없는 분위기였다는 답변을 들었습니다.

'차라리 망명을 하시는 것이냐고 직접 물어 보고 확인해 보는 게 옳지 않았을까요?'라고 윤양중 기자에게 재차 확인을 하며 물었습니다. '지금 생각해 보면 그렇게 하지 않은 게 마음에 걸립니다. 하지만 인간적으로 그때는 도저히 그런 질문을 할 수가 없었습니다'라고 답변을 하더군요.

나레이션

만약 그때 현장을 취재했던 윤양중 기자가 '망명'에 관해 직접 질문을 던졌다면 대답은 달랐을 것이다. 이승만의 하와이 망명설에는 많은 의문점들이 존재하고 있다. 정작 가장 중요한 '잠시 요양을 갔다 올 것'이라는 이승만의 발언은 사실관계에 대한 질문조차 하지 않은 기자의 실수로 정확히 확인되지 않았다.

CAT는 CIA 위장 항공사

당시 전직 대통령 이승만 부부가 탄 항공기를 운영했던 CAT항공에 대해 현재 위키피디아는 다음과 같은 정보를 공개하고 있다.

'CAT항공사는 냉전 시기 CIA가 만든 항공사였다'

'해외에 재산 막대, 후 여사와 외교관이 마련'
주요신문들 '이승만 2천만 달러 홍콩으로 빼돌렸다'며 허위 보도

나레이션

하와이 망명설을 보도했던 같은 날, 경향신문은 이승만이 스위스 은행에 막대한 비자금을 조성했다고 보도했다. 물론 확인되지 않은 오보였다.

김동균

예, 그러니까 1960년에 4·19가 나고 그후에 이승만 대통령께서 국
민이 원한다면 하야하시겠다 하시고서 하와이로 출발하시게 됐을
때 나쁜 소문들을 퍼뜨렸는데 스위스 은행에 비밀계좌가 있었다,
그렇게 했었는데요. 사실은 그것이 아주 조작된 거짓이었다는 것을
우리가 쉽게 알 수 있는 좋은 증거가 있다고 저는 생각합니다. (그
것이 뭐냐 하면) 이승만 대통령이 여기 도착하셨을 때는 진짜 돈
이 없으셔서 한인 동포 사회의 도움을 많이 받았고 특별히 월버트
초이라고 하는 분이 도움을 많이 드렸는데, 예를 들 것 같으면 자
기가 가지고 있었던 집을 이승만 대통령이 계실 수 있도록 빌려드
리고 또 생활비도 보조하는데 도움을 드리고, 그래서 여러 가지로
이승만 대통령을 많이 도왔기 때문에 이승만 대통령이 너무 고마워
서 그분에게 자기는 "내가 가지고 있는 거는 한국에 있는 이화장밖
에 없으니까 그게 내 전부의 재산이니까 그거를 당신한테 양도하겠
다." 그래서 여기 하와이에서 영문으로 양도 증명서를 작성해서 이
승만 대통령과 프란체스카 여사가 사인을 하셨는데 (그걸 또 공격
을 받아 가지고) 월버트 초이라는 분한테 드려서 …, 지금은 그분
도 작고해서 안 계시지만 그분의 따님이 그 원본을 가지고 계셔서
제가 그걸 봤습니다.

제가 또 그걸 사진을 찍어서 아직도 보관하고 있습니다마는 그것
을 볼 때 이승만 대통령이 스위스 계좌에 돈이 있었다면 왜 그렇게

하셨겠습니까? 그러니까 그런 의미에서는 참으로 허황된, 날조된 거짓을 퍼뜨렸다 그렇게 저는 확신하고 있습니다.

인서트
이한우 기자
이승만이 하와이에 도착한 다음 한국 언론에서는 그가 스위스 비밀계좌에 엄청난 비자금을 예치했다는 소식이 나오기 시작했습니다. 하지만 그건 사실이 아닙니다. 이승만은 하와이에 왔을 때 돈이 없었습니다.

나레이션
과연 진실은 무엇일까? 60여 년의 세월이 흐른 지금까지도 이승만의 하와이 망명 오보는 수정되지 않고 있다.

5. 필리핀과 대한민국의 운명을 가른 토지개혁

이승만의 하와이 주택 마키키가 표지판

류석춘

일반적으로 2차 대전 후에 신생국들이 국가가 서면 가장 먼저 해야 될 과제·과업으로 토지개혁을 다 꼽습니다. 나라마다. 그런데 실제 우리나라는 성공을 했고 필리핀은 실패했습니다. 아쉽게도, 그런데 차이를 만들어내는 데 가장 결정적인 것은 필리핀은 우리나라보다 더 시장가격 중심의 토지개혁을 했어요. 그러니까 시장기재를 유지하면서 토지개혁을 하려다 보니까, 토지를 보상 국가가 사들여서 농민에게 줄 …, 국가가 사들일 때의 토지가격을 시장가격을 기준으로 책정을 해요. 그러니까 엄청난 돈이 들어가죠. 돈을 마련할 방법이 사실 없습니다.

그렉 브레진스키

토지개혁은 결정적이었습니다. 한국 뿐 아니라 당시 아시아의 다른 여러 나라에서도 토지개혁이 이루어졌습니다. 그러나 중요한 것은 한국의 토지개혁이 북한이나 공산주의 아시아 국가의 토지개혁과는 다르다는 점입니다. 당시 모든 국가에서 토지를 토지소유자들로부터 빼앗아 농민들에게 나눠 주었습니다. 남한에서는 토지 소유자들에게 토지에 대한 보상을 했고 이 보상금을 가지고 다양한 사업과 기업에 투자하도록 유도했습니다. 이는 한국이 자본주의로 나아가는 데 도움이 되었을 겁니다.

데이빗 필즈

이승만의 농지개혁은 장기간 소요되었고 지주가 보상을 받아 한국 사회를 급격하게 변화시켰습니다. 대한민국 농민들은 대부분 소작농을 탈피해 땅을 소유하게 되었는데, 이는 경제성장의 근간이 달라졌기 때문입니다.

신현옥

진짜 이분 아니었으면 …, 필리핀 수준으로 살아야 될 나라가 우남 이승만 때문에 이렇게 자유를 누리고 사는데 이렇게 대단한 분을 너무 무시하고 사는 우리 대한민국 국민들이 아닌가 생각이 듭니다.

아까도 차 안에 말씀을 드렸지만 우리 건국 대통령은 마지막에 돌아가실 때 영어도 다 잊어버리고 그냥 내가 왜 여기 있냐고, 우리 동포들이 사는 대한민국으로 가야지, 그렇게 (말씀)하시면서 마지막 숨을 거두셨는데 그 마르코스라는 사람은 얼마나 자기 인생이 한심해요? 지금 국민들은 그냥 도탄에 빠져 있고 자기는 여기 도망 와있고 그 재산이 무슨 소용이 있어? 그러니까 그냥 못 먹는 술을 그냥 그렇게 먹었다고 그러더라고. 독주를. 그러면서 갑자기 그냥 몸이 못 견디고 바로 숨을 거뒀다고 그러더라고요.

나레이션

이승만이 하와이에 도착해서 정착한 마키키가의 주택은 평범한 서민들이 살고 있는 주택이었다. 그마저도 돈이 없어서 하와이에서 사업을 하고 있던 월버트 초이가 도움을 주었다. 그가 갖고 있던 주택을 빌려준 것이다.

마이클 브린

제 생각에 그는 근본적인 계급체계를 파괴했다고 봅니다. 과거에는 마을마다 집주인과 양반이 있었습니다. 일은 않고 술만 마시는 사람도 있었는데 가난한 사람들은 밭일을 하며 양반에게 절반의 수확물을 바쳐야 했죠. 그는 바로 이러한 체계를 무너뜨린 겁니다. 이게 중요한 이유는 그가 그러한 변화를 주도하지 않았다면 이런 변화가 언제 일어났을지 모른다는 겁니다. 농지개혁의 정확한 연도를 알고 계신가요?

신현옥

여기가 윌리엄 보스윅의 저택이고 이분이 1960년에 우남 이승만 건국 대통령이 망명 아닌 망명을 오셔서 이 집에서 윌리엄 보스윅을 만나죠. 만나면서 그 윌리엄 보스윅 친구가 여기서 "이제 우리가 노인이 됐으니까 나하고 여기 편히 살자"고 그랬는데 우리 우남 이승만 건국 대통령은 "아니야, 나는 한국으로 가야 돼. 우리 국민들 하고 같이 살아야 돼." 그런 말씀을 남기신 아주 소중한 장소가 되겠습니다.

이승만 대통령의 마키키 서민 주택

나레이션

이승만의 마키키 주택에서 그리 멀지 않은 곳에 있는 필리핀 마르코스 대통령의 대저택을 발견했다. 하와이 와이키키 해변이 한눈에 내려다 보이는 곳에 위치한 럭셔리한 고급 주택이었다. 1986년 마르코스가 망명했을 때 그와 가족들이 머물렀던 곳이기도 하다.

필리핀 교수

1960년대 필리핀은 일본 다음으로 아시아에서 두 번째로 큰 경제력을 자랑했습니다. 당시 채택된 수입대체 산업화 정책은 국내에서 생산할 수 있는 자원을 활용하여 수입품을 대체하는 전략이었습니다. 이 정책으로 많은 산업이 성장했으나 꾸준히 지속하지는 못했습니다.

필리핀의 경제발전이 지체된 주된 원인은 실패한 농지개혁과 비산업화, 그리고 진정한 민족주의적 산업화 프로그램의 부재를 꼽을 수 있습니다. 이로써 필리핀은 한국과 일본 및 중국은 물론이거니와 말레이시아와 태국, 베트남에도 뒤처지게 되었고 인도네시아에도 곧 추월당할 위기에 처하고 말았습니다.

진지한 농지개혁이 부재한 가운데 시골의 빈곤은 여전히 심각해 많은 사람들이 더 나은 기회를 찾아 도시 또는 해외로 이주하고 있습니다. 그러다 보니 도시의 과밀화와 도시 빈곤이 뒤따랐고 해외에서의 노동은 농촌 지역의 빈곤문제를 해결하기 위한 일종의 대응책이 되었습니다. 토지 소유 계층의 영향력이 크고 정부의 정치적 의지가 부족하기 때문에 발생한 결과입니다.

인서트

필리핀 마르코스와 이승만의 삶은 무척이나 대조적입니다. 정치적인 책임을 지고 권좌에서 물러났다는 점은 비슷하지만 이승만에 비해 마르코스는 엄청난 비자금을 챙겨서 하와이로 왔습니다. 말년에 가난하게 생을 마감했던 대한민국의 지도자 이승만과, 개인적인 풍요와 환락에 빠져 살았던 마르코스의 삶은 두 나라의 운명을 보는 것 같기도 합니다.

필리핀 교수

농촌의 빈곤은 스페인 식민지 시대와 미국 식민지 시대에도 오랫동안 필리핀의 가장 심각한 문제 중 하나였습니다. 이때 농민들은 수십 년 동안 지주 계급의 탄압에 시달려 왔습니다. 이런 탄압이 표면으로 드러난 탓에 식민지 시대에도 농민들의 불안은 계속될 수밖에 없었습니다.

마르코스는 아주 강력한 리더였습니다. 제가 봐도 그는 강성한 사람이었던 듯싶습니다. 국가의 이익을 위해서가 아니라 자신의 이익만을 추구한 리더였지만 말이죠. 네, 그는 강력한 리더로서 소신을 지키는 데 강했습니다. 하지만 실상을 보면 자신의 정책을 실행하는 데는 매우 취약했습니다. 물론 그 사람의 진심은 아니었을 수도 있습니다. 그는 설탕 산업과 코코넛 산업, 기반시설 개발을 통제하는 일행을—우리가 대통령 일행이라고 부르는 일행을—양성하기도 했습니다. 이들은 마르코스와 매우 가까운 민간 자본가들이 었는데 마르코스는 그들에게 억만장자가 될 수 있는 이권을 몰아 주었지요, 계엄령 하에서.

인서트

필리핀에서는 지주가 정치인이고 정치인이 지주입니다. 그래서 개혁 이라는 것이 실제로 제대로 이뤄진 것이 없습니다. 토지개혁이 가 장 대표적인 경우에 해당된다고 말할 수 있습니다.

필리핀 교수

아시다시피 마르코스와 그의 가족이 공적 자금을 횡령했다는 사 실은 아주 잘 알려져 있습니다. 이들은 약 100억 달러를 훔쳐 스 위스와 홍콩과 싱가포르 등 외국계 은행에 예치했죠. 주로 유럽계 은행에 예금한 것으로 추정됩니다. 그래서 코리 아키노(Cory Aquino) 는 취임 당시 마르코스 가문이 훔친 100억 달러를 회수하는 정책 을 개시했습니다. 하지만 그다지 성공을 거두진 못했습니다. 아울 러 아키노 정부는 경제개혁과 외국인 투자 유치에 주력함으로써 경제를 안정화시키고 성장을 촉진하기 위해 노력했으나 여러 내외 적 요인으로 큰 성공을 거두지는 못했습니다.

인서트

아시아에서 필리핀처럼 토지개혁 계획을 많이 세운 나라는 없다. 그러나 마찬가지로 필리핀처럼 특권층이 진정한 토지개혁을 회피할 방법을 많이 고안한 나라도 없다. 한국은 그에 비하면 토지개혁이 성공적으로 이뤄졌습니다. 이승만의 토지개혁 덕분에 경제 발전으로 이어졌고 오늘날과 같은 대한민국의 번영이 가능했던 것이라고 생각합니다.

필리핀 교수

미국의 제안으로 시작된 필리핀의 농지개혁 정책은 본디 급진적인 목표를 두고 있었습니다. 목표는 토지를 대규모 지주들로부터 소작인과 농민에게 이양하는 것이었습니다만, 이러한 급진적인 목표는 결국 축소되고 맙니다. 왜냐하면 정책이 주로 쌀과 옥수수 재배지에 국한되고 분배 대상도 임차 토지에 한정되었기 때문입니다. 그러다 보니 소작 농민에게는 어느 정도 혜택이 될 수 있지만, 임금 노동자인 많은 농촌 인구에는 별다른 이득이 되지 못했습니다. 필리핀 농촌에서는 상당한 인구가 소작인이 아닌 임금 노동자로 전환되었거든요. 게다가 임금 농장이나 코코넛 농장은 농지개혁의 대상에서 제외되었습니다.

아울러 필리핀 농지개혁 정책은 지주들이 자신의 토지를 보유할 수 있도록 허용했습니다. 이러한 조건 탓에 농지개혁 프로그램은 마르코스 대통령이 1986년 권력에서 축출될 때까지 이렇다 할 성공은 거두지 못했습니다. 쌀과 옥수수 토지 중 일부만이 실제로 분배되었으니까요. 결국 마르코스의 농지개혁은 목표를 거의 달성하지 못합니다. 약 2%만 실현된 것으로 평가를 합니다. 필리핀 농지개혁은 당초의 급진적인 목표와는 달리, 실행 단계에서 대지주의 이익을 보호한 탓에 아주 한정적으로 이루어진 것이죠.

필리핀 교수

농장 노동자들은 토지를 소유할 수는 있었지만 그 땅에서 생계를 유지하기는 어려웠습니다. 생계를 유지하기 위해서는 자신의 토지를 지역 자본가에게 담보로 제공할 수밖에 없었습니다. 설탕 노동자들에게 분배된 토지 중 약 90%는 이 토지를 담보로 한 대출금을 갚는 과정에서 자본가들의 손에 넘어갔다고 합니다.

데이빗 필즈

이승만이 농지개혁을 하지 않았다면 정권이 위태로웠을 수도 있었어요. 하지만 저는 이승만이 한국인들이 원하고 필요로 하는 것이 '독립'과 '땅'이라는 것을 누구보다도 잘 간파했다고 생각해요. 이승만은 농민들에게 땅을 나눠줄 수 있었고 한반도를 통일시킴으로써 '독립'을 쟁취할 수 있는 기회를 줄 수 있는 적임자였습니다. 그래서 김일성이 남한을 침략했을 때 자신에 대한 지지층이 없다는 것을 깨닫고는 적잖이 놀랐을 것 같아요. 대다수의 한국인들은 이승만의 정권 기조에 대해 적어도 기대감을 가지고 있었기 때문이죠.

이러한 측면에서 저는 이승만을 반공주의자로 특정할 수 없다고 생각합니다. 이승만은 훨씬 광범위한 정치적 이념을 가지고 있다고 생각해요. 만약 이승만이 반공주의자라서 자본주의와 자유시장과 기본적인 재산권을 옹호했다면 결코 한국에서 지도자 역할을 할 수 없었을 것입니다. 그는 한국인들이 필요하고 원하는 것을 간파했고, 국민들의 정치적 염원을 잘 알고 있었기 때문에 국민의 눈높이에 맞추려고 했습니다.

1945년에 한국으로 돌아온 이승만은 한국이 앞으로도 독립을 유지하기 위해 최선의 선택을 해야 했습니다. 이승만은 한국의 경제가 일본 식민지 말기에는 파탄 지경이었다는 것을 깨달았습니다. 실업률이 높았고, 한국은 두 개의 세력으로 나뉘어져 있었습니다. 매우 어려운 상황이었습니다. 그래서 이승만은 '한국이 앞으로도 독립을 유지하기 위해 어떻게 해야 할지'를 선택을 해야 했고, 일본 식민지 당시의 한국인들을 활용하기로 했습니다. 이승만은 한국 독립을 위해서라면 뭐든 할 의향이 있었기 때문이죠. 그런 결정에 대해 비판할 수는 있겠지만, 적어도 친일이라서 내린 결정은 아니었어요.

나레이션

1950년대 한국에서 토지개혁이 성공적으로 완수되기까지 우여곡절이 많았다. 일제시대, 1936년 대한민국 전체 농가의 75%가 소작농이었다. 소작료는 한 해 수확의 절반이었다. 농노에 가까운 삶이었다. 이승만 정부는 토지개혁을 통해서만이 대한민국 경제발전의 토대가 마련될 수 있다는 확신을 갖고 있었다.

1950년대 한국의 농촌

류석춘

좌익들이 "이승만 대통령이 농지개혁을 거부했다"는 것은 정말 완전히 새빨간 거짓말을 하는 거죠. 이승만 대통령은 사실은 45년에 환국하기 전에, 1919년 '필라델피아 한인자유대'라는 게 있습니다. 그때부터 '미국식 헌법을 만들어서 앞으로 생길 나라는 그 미국식 헌법을 따라서 나라를 세워야 된다'라는 생각을 했고 그런 게 이승만의 여러 문헌에 보면 '미국식을 따라서 해야 된다, 대통령제를 해야 된다.' 그런 얘기를 많이 했고, 아주 구체적으로는 환국하자마자 46년 2월에 33개의 어떤 항목을 나열하면서 건국하는 나라는 이렇게 돼야 된다. 그것을 다시 임시 '건국대강'인가라는 표현으로 했고 그래서 결국 건국 헌법에 대통령 경제를 관철하고 통제경제를 관철하면서 이승만 대통령이 나라를 세웠는데, 이승만 대통령에게 농지개혁은 최우선 순위에 있었던 아이템이거든요. 이건, 이승만을 좀 전문적으로 공부해서 이승만이 쓴 여러 가지 …, 직접 이승만이 쓴 문헌을 보면 이승만이 토지개혁을 하는 거에 얼마나 관심을 갖고 있었나를 너무나 쉽게 아는 건데 새빨간 거짓말을 하는 거죠. 좌익들이.

인서트

그러나 일부 역사학자들은 이승만이 토지개혁에 반대했다는, 근거 없는 주장을 펼쳤다. 심지어 이승만이 지주들의 이익을 위해서 토지개혁을 거부하려 했다는 터무니없는 주장을 하는 사람도 있었다. 객관적 사실만을 토대로 봤을 때, 이승만의 토지개혁은 이미 오래 전부터 구상되어 왔던 계획이었다. 그것은 그의 청년시절인 20대부터 품었던 자신의 정치적 비전이기도 했다.

1895년 배재학당

나레이션

'모든 사람은 평등하게 창조된다.' 1895년 배재학당에 입학하면서 이승만이 배운 것은 단지 영어만이 아니었다. 그는 그곳에서 이미 훗날 자신의 정치 철학에서 가장 핵심이 되는 정치적 평등과 자유, 그리고 민주주의 국가의 원형에 대한 생각을 품고 있었다.

이한우

왜 그러냐 하면 이승만 대통령이 보면 기독교를 받아들인 것도 그냥 나 혼자 좋아서 개종한 게 아니고, '아 이걸 갖고 와야 약간 좋은 근성이 있는 우리 백성들이 거기서 벗어나서 각자가 자기 주인으로서 각성하게 돼서 각자가 자기 자유의 소중함을 알게 되고 이게 확산될 거다.' 이것은 상당히 일관된 일종의 신앙론이죠 신앙론.

인서트

미국과 영국이 부강해진 원인을 인종이 아니라 종교에 있다고 생각했다. 그래서 기독교 신앙을 받아들이고 평등에 대해서 자각할 때 부강한 나라를 만들 수 있다고 믿었다. 그걸 이룰 수 있는 방법은 결국 토지개혁이었다.

나레이션

1919년 8월 27일 이승만은 '한민족의 지속적인 독립선언 및 독립요구서'라는 제목의 글에서 자신의 평등주의적인 토지개혁 구상을 펼치고 있었다. 핵심적인 내용은 '양반의 특권을 폐지하고 모든 계급지향적인 법률 제정을 배제하는 것'에 모아져 있었다.

인서트

'토지개혁'에 대한 확고한 비전이 그의 마음속에 이미 있었다는 것을 말해주는 귀중한 자료다. 공산주의자 조봉암을 농림부 장관에 기용한 것만 봐도 그 토지개혁에 대한 열망이 얼마나 강렬했는지 잘 알 수 있다.

인서트

이승만의 토지개혁은 단지 경제적인 측면에서만 의미가 있는 것이 아니다. 이승만에 의해 수백 년 동안 이어져 내려오던, 한반도에서의 양반과 평민을 구분하는 신분제가 비로소 철폐되었다.

인서트

'이승만의 토지개혁 덕분에 이병철, 정주영 같은 기업인들이 탄생할 수 있었다. 대한민국 경제 발전에 가장 극적인 순간이었다.'

데이빗 필즈

이승만이 사치스러운 삶을 살았다는 증거는 없습니다. 미국에서 그가 살았던 집은 고급스럽지 않고 아주 검소했어요. 자신을 위해 대저택을 짓거나 최신 차를 구입하지 않았고, 미국을 횡단할 때도 저렴한 중고 윌리스 자동차를 타고 다녔어요. 저는 이승만이 한국 독립을 위한 자금을 매우 신중하게 사용했다고 생각합니다.

한동훈

개인적으로 저는 1950년의 농지개혁이야말로 대한민국이 여기까지 오게 된 가장 결정적 장면 중 하나였다고 생각합니다. 만약 이게 없었더라면 대한민국은 지금과 많이 다른 나라였을 거라고 생각합니다. 저는 이 농지개혁이 '만석꾼의 나라'였던 대한민국을 이병철, 정주영, 구인회, 최종현 회장과 같은 여러분들의 선배 기업인들이자 대한민국의 영웅들이 혁신을 실현하고 마음껏 활약할 수 있는 '기업인의 나라'로 바꾸는 대전환의 계기가 됐다고 생각합니다.

나레이션

1960, 70년대 대한민국 기업인, 공무원들의 부모가 어떤 사람들이었는지를 묻는 설문조사가 있었다. 조사 결과는 놀라웠다. 기업가의 73%, 고위 공무원의 68.5%가 농민의 자식이었다. 토지개혁으로 자기 땅을 소유한 농민들은 자식을 위해 열심히 일해서 자식을 성공시키겠는 신념을 가질 수 있었다.

류석춘

그 다음에 '내 땅을 내가 갖게 됐다'라는 느낌을 갖는 자부심이라고 그럴까요? 농민들한테는 사실 전부입니다. 그게 땅 없는 농민들한테는 '이제 내가 조그마한 땅이지만 내 땅을 가졌다 …' 결국 그 다음 세대, 세월이 가면서 자기 자식을 위해서 땅을 다 팔게 돼요. 우골탑(牛骨塔)이라는 게 그런 거 아니에요. 이제 받은 것을 자식 교육시키느라고, 서울에 가서 공부하는 자식 때문에 그 땅을 다 팔면서 교육시키고 인제 그런 것들이 선순환을 만들어 냈으니 우리나라 경제발전에 있어 저는 농지개혁의 긍정적인 효과를 굉장히 높이 평가하고 ….

인서트

당시 한때 '상아탑'이라는 말 대신 '우골탑'이라는 말이 유행했
다. 자식을 대학에 보내기 위해 농민은 소 한 마리를 바쳐야 했
고 힘겨운 노동 속에 뼈를 깎는 고통을 견뎌내야 했다. '우골탑'
이란 말 속엔 농민들의 애환이 서려 있지만 동시에 미래를 향한
희망도 담겨 있었다.

나레이션

부모들의 그런 희생을 보며 자식들은 부모에게 진 빚을 갚기 위해
열심히 공부했고 땀흘려 일했다. 자원도 자본도 없었던 대한민국
이 발전할 수 있는 결정적 단서들이었다. 토지개혁이 없었다면 있
을 수 없는 일이었다. 결국 '개천에서 용 난다'는 신화가 한국의
경제발전에 거대한 초석이 되었다.

6. 필리핀 토지개혁은 왜 실패했나?

필리핀 대지주 농장, 하시엔다 소작농들 일하는 모습

나레이션

이승만의 토지개혁이 얼마나 쉽지 않은 결정이었으며 그것을 실천에 옮기는 것 또한 힘겨운 일이었는지는 필리핀의 사례를 비교해 보면 잘 알 수 있다.

인서트

1960년대 필리핀의 1인당 국민소득은 254달러였다. 79달러 정도였던 대한민국의 3배나 높았다. 당시 필리핀은 아시아의 선진국이었고 일본 다음으로 아시아 경제를 이끌어갈 차세대 주자로 평가받았다.

필리핀 마닐라 도심

정치적으로도 필리핀과 대한민국은 비슷한 길을 걸었다. 도대체 무엇이 두 나라의 운명을 가른 것일까? 원인은 토지개혁에 있었다.

필리핀의 토지개혁이 계속해서 실패하는 이유는 토지를 소유하고 있는 대지주들이 정치인이라는 점 때문입니다. 지주 계급과 정치인들이 하나의 이해관계로 묶여 있다는 사실 때문이죠. 토지 엘리트는 상업, 제조업, 금융업으로 다양하게 경제적 권력을 확장했고 정치, 경제 엘리트와 밀접하게 얽혀 있었습니다. 그것이 아시아에서 가장 빈번하게 토지개혁을 실시했던 필리핀에서 토지개혁이 제대로 성공하지 못했던 원인입니다.

류석춘

국회 공직자들, 국회의 의원들이 토지의 소유자들이 대부분이에요. 그러니까 정부쪽에서 …, 정부의 대통령도 토지를 소유한 가문 출신에다가 그 대통령이 자기의 부담을 무릅쓰고 토지개혁안을 만들면 그것을 심의하는 국회가 또 대토지 소유자들이고 해서 뭔가 그 법안을 약화시킵니다.

나레이션

1903년 처음 시도되었던 필리핀의 '수도원토지법'은 가톨릭 교회가 소유하고 있던 토지를 매수해서 농민에게 불하하려는 시도였다. 문제는 정치인들이 토지 매각 대금 결정에 개입해서 비싼 가격을 주고 토지를 구입하도록 법을 만들었다. 정부 역시 비싼 토지 가격만큼 비용 회수를 통해 이익을 올릴 수 있었다. 토지를 사야하는 농민들은 그만큼 토지를 살 수 있는 기회가 줄어들었다. 이후 필리핀에서는 1980년대 당시 '종합토지개혁법'까지 여러 차례 토지개혁법이 제정되었지만 실제로 농민들을 위한 토지개혁이 실행되지는 못했다.

인서트

결국에는 부유한 지주와 미국 기업들 손에 토지가 돌아갔다. 1903년 소작 비율 18퍼센트였던 것이, 1933년에는 35퍼센트로 오히려 증가했다. 왜곡된 토지 소유 양상은 몇 번의 토지개혁 속에서도 근본적으로 변하지 않았다.

류석춘

돈이 몰리고 그래 갖고 그걸 사면 농민들한테 '20년, 30년 동안에 그걸 20분의 1, 30분의 1씩 매년 내서 갚아라'라고 하니까 그 갚는 것도 농민들한테는 워낙 비싸게 산 땅 값을 10년 단위, 20년 단위로 나눠서 갚는 게 가난한 농민들한테는 부담이 되니까 농민들이 한 해, 두 해 해보다가 이거 도저히 못하겠다 그리고 방매를 합니다. 다시 내 권리를. 마치 재개발 때 딱지 팔 듯이 팔아요. 그것을 팔면 결국 지주 집안이 이걸 다시 삽니다. 그러니까 농지개혁이 될 리가 없죠. 그리고 그게 20년 가니까 코리 정권이 5년 간 …, 다음에 또 바뀌잖아요. 그러면 또 새 정부가 들어와서 또 변형을 시켜버리고 그 다음에 또 변형시키고 이러면서 아직까지도 농지개혁은 두테르테까지도 하겠다고는 하지만 못해요. 못하는 겁니다.

그냥 이승만 대통령이 건국하자마자 밀어붙인 게 신의 한 수예요. 그리고 그때 자유주의자들이 걱정하는, "왜 통제경제 헌법을 채택했냐"고 그러는데 그것도 신의 한 수예요. 그러고 나서 곧 52년간의 자유주의 정책으로 헌법을 개정하잖아요. 그러니까 딱 필요할 때 통제경제를 쓴 거예요. 그때 우리가 했던 게 적산불하잖아요. 적산불하도 시장가격으로 하면 안 되는 거예요. 무슨 수로 재정을 당해요? 적산의 불하나 토지를 국가가 매입하는 것, 사회주의 경제적인 요소를 가진 방식으로 해서 가난한 그 당시의 한국 정부가 경제적 문제를 해결할 수 있었고, 그것을 한꺼번에 짧은 시간에 해결을 하고 나니까, 그 다음에는 자유시장 경제체제가 가동하는 게 훨씬 더 원활해진 거죠.

1960년대 1인당 GDP
대한민국: 79달러 vs 필리핀: 254달러

2021년 1인당 GDP
대한민국: 35,000달러 vs 필리핀: 3,500달러

필리핀과 대한민국의 토지개혁 결과 비교

필리핀
1943년 소작농 38%에서 1961년 오히려 50%로 증가 1981년 필리핀 농촌에서 1.5%가 전체 50%의 땅을 소유하는 기현상 발생

대한민국 한국
자작 비율 1945년 13.8%에서 1964년 71.6%로 급증
소작농 비율 1949년 49.8%에서 1964년 5.2%로 급감
소작 토지 비율 1945년 65%에서 1951년 8%로 급감
비공산권 국가들 가운데 가장 급격하고 농민을 위한 토지개혁이 이루어짐

인서트

2차 대전이 끝난 뒤 신생국가들이 당면한 가장 중요한 과제는 토지개혁이었다. 결국 토지개혁을 성공적으로 완수한 대만과 한국, 일본 등은 경제발전이 뒤따랐다. 하지만 토지개혁에 실패한 필리핀, 남미의 브라질 등은 풍부한 자원과 넓은 토지에도 불구하고 근대화로의 이행이 불가능했다.

데이빗 필즈

이승만은 일본에 대항하여 싸웠고, 해방 이후에는 북한이 소련에 점령된 식민지라고 생각했습니다. 따라서 소련이 북한에서 물러갈 때까지 독립운동이 지속되어야 한다고 믿었던 것 같습니다.

인서트

토지개혁은 1950년 한국전쟁이 일어났을 때 공산주의를 물리치는 큰 역할을 했다. 당시 박헌영은 전쟁만 일어나면 남한에서 남로당을 지지하는 세력들이 봉기를 일으킬 것이라 했다. 하지만 그런 일은 일어나지 않았다. 자기의 땅을 소유한 농민들이 인민군들의 유혹에 넘어가는 일은 없었다.

나레이션

이승만에게 토지문제는 곧 인간의 문제였고, 민주주의의 문제였다. 국민이 노예처럼 살아간다면 제대로 된 민주주의가 정착할 수 없

다. 국민이 소작인이라면, 국민이 주인이 아니라 지주가 주인이 된
다. 경제적 자립 없는 정치적 민주주의는 그림의 떡에 불과하다.
토지개혁은 놀랍게도 인간 해방의 비전을 담고 있었다.

류석춘

이승만 대통령은 가장 먼저 건국하기 전부터 …, 이승만 대통령
의 건국투쟁에 대해 말하자면, 미군정 기관에서도 「건국대강」인가
요, 46년 2월에 '대한민국 나라가 서면 앞으로 꼭 해야 될 일이
뭐다' 하는 것을 34개를 나열합니다. 거기 보면 토지개혁이 들어
가 있어요. 실제 그렇고, 제헌 건국헌법에도 토지개혁이 들어가 있
고 그래서 토지개혁이 국가적인 과제라는 것은 이승만이 당연한
아젠다로 생각하고 있었고, 그것을 집권하자마자 전광석화 같이
밀어붙입니다.

그러니까 100% 시장경제 체제를 유지하지 않으면서 밀어붙인
게 토지개혁이고, 그게 굉장히 짧은 시간에 농민을 안정시키면서
6·25전쟁 때도 우리나라 남한 농민이 북한에 넘어가지 않게 하
고, 또 뭔가 출발선을 균등하게 만드는 효과가 굉장히 커서 우리
나라가 그 이후에 급속한 경제발전을 하는 데 같은 출발선에서
서로 경쟁할 수 있게 만든 그런 효과가 굉장히 컸던 게 이승만 대
통령의 농지개혁이고, 그런 것은 다른 제 3세계 국가에서는 찾아
보기가 힘들고, 굳이 꼽는다면 대만이 비슷한 수준의 농지개혁에
성공한 것으로 세계에서 유이한 사례라고 봐야 합니다.

1950년대 토지개혁 실행

나레이션

대한민국의 토지개혁은 합법적인 절차를 따라서 진행되었다. 당시 이승만 정부의 농지개혁안은 세 가지였다. 좌파 성격을 갖고 있던 조봉암의 농림부안, 보수 우파 지주 세력이 장악했던 한민당의 국회안, 그리고 총리실 산하 기획처안 등이었다. 토지개혁은 지주들에겐 기득권의 박탈이 될 수밖에 없었다. 당연히 첨예한 대립이 벌어진 문제였다.

인서트

조봉암의 농림부안은 토지 보상 문제에서 '매수'가 아닌 '징수'라는 개념을 사용해서 도마에 올랐다. 이 문제는 단순한 정책상 차이가 아닌 정치노선 싸움으로 번졌다. 결국 농림부안은 세력 싸움에 밀려 국무회의도 통과하지 못했다. 그런데도 오늘날 토지개혁이 공산당 출신의 좌파 조봉암의 작품인 것처럼 알려져 있다.

나레이션

결국 농지개혁법은 정부 기획처안을 근간으로 해서 1949년 6월 21일 선포되었다. 법안의 핵심은 농지 소유의 상한을 3헥타르로 정하고, 그 이상은 모든 농지를 지주로부터 유상으로 수용하여 소작농에게 유상으로 분배한다는 것이었다. 소작인들이 지불해야 한 농지세는 소작료의 150%, 농민들은 1년 동안 일하고 내야 했던 소작료의 30%를 5년 동안 내면 자신이 농사짓던 땅을 소유할 수 있었다. 1년에 절반 정도를 지주에게 소작료를 내야 했던 농민들 입장에서는 파격적인 조치였다.

인서트

하지만 법률 시행 과정에서 여러 하자가 드러났다. 무엇보다 지주들의 반대가 심했다. 토지개혁의 성패는 결국 땅을 지주들이 얼마나 자발적으로 토지개혁에 협조하는가의 문제에 달려 있었다. 결국 토지개혁의 문제는 정책 결정권자의 의지에 달린 것이었다. 이승만은 그걸 해낼 의지가 있었다.

나레이션

토지개혁 법안이 국회를 통과하고 실제로 농촌에 적용되는 과정에서 대통령으로서 이승만이 보여준 의지는 대단했다. 토지개혁 법안은 1950년 3월 10일 국회를 통과했지만, 통과된 법률을 집행하려면 시행령이나 시행 규칙이 제정되어야 했다. 이승만은 시간이 없다고 생각했다. 자칫 시간만 끌면 언제 다시 지주 계급들이 마음을 바꿀지도 모르는 일이었다. 이런 저런 규칙과 법규를 따지고 있다 보면 봄철 파종기를 넘기게 된다. 그럼 다시 1년을 허비해야하고 국민들은 1년 더 소작농으로 매여 있어야 했다. 규칙을 만드는 과정에서 지주들이 반발을 할 가능성도 있었다.

인서트

이승만은 비상수단을 동원했다. 대통령 특별 지시로 '분배 농지 예정 통지서'를 배포해 버렸다. 이미 분배가 예정되었다는 통지를 보냄으로써 토지개혁을 기정사실화 해버린 것이다.

나레이션

이승만의 토지개혁 덕분에 이제 전 경작지의 95%가 자작지가 되었다. 대한민국에서 소작농은 자작농이 되었다. 토지와 함께 인간이 해방되었다. 그것은 이승만의 오랜 꿈이었다.

인서트

이승만의 토지개혁 덕분에 대한민국은 경제적 번영의 길로 접어들 수 있었다.

나레이션

도대체 무엇이 옳고 그른 것일까? 어떻게 이렇게 주객이 전도되고 사실이 왜곡되는 일이 벌어질 수 있는 것인가. 북한의 토지개혁이야말로 농민의 뜻을 배반한 기만적인 술책이었다. 이승만에 대한 역사 교육은 공교육 현장에서 심각하게 훼손되고 있다.

인서트

북한의 토지개혁은 집단농장으로 귀결되면서 결국엔 지주에서 국가로 땅의 주인이 바뀐 것에 지나지 않는다. 그런 곳에서 자신의 가족과 자식을 위해서 열심히 일하는 농민은 있을 수 없다.

인서트

집단농장에 기초한 공산주의 경제 원리가 망한 지 벌써 오래되었음에도 불구하고 대한민국에서는 아직도 이상주의적 공산주의 이념에 대해 향수를 갖고 있는 자들이 많다.

송재윤

우리가 공산주의 이념을 받아들이는 순간 우리가 가지고 있던 기본 욕구를 포기해야 됩니다. 내가 많은 자유를 추구하면서, 내가 예술적으로 아니면 문학적으로 역사적으로 공부를 해가지고 많은 지식을 쌓고 예술작품을 만들고 돈을 벌고 또 많은 사람들과 대화를 하고 싶다, 이런 욕구조차도 부르주아 욕구로 부정이 되는 것입니다. 인간의 기본적인 욕구를 부정하는 철학은 절대로 오래갈 수가 없죠.

그런 면에서 공산주의 위협을 너무나 냉철하게 선지자적으로 보고 있었던 분이 있는데 그분이 바로 저는 이승만 대통령이라고 생각을 합니다.

나레이션

그런 잘못된 역사관을 갖고 있는 사람들에 의해 '이승만 죽이기'
는 70년 동안 유지될 수 있었던 것이 아닐까?

인서트

*부족한 것도 많았지만 이승만을 비롯한 건국 1세대들이 마음에
간절히 품고 있던 희망은 오직 하나, 오늘보다 나은 내일, 바로 대
한민국의 미래였다. 그 시기가 건국의 시대였다.*

그렉 브레진스키

저는 나라를 건국하는 것이 그 무엇보다 어려운 일이라고 생각
합니다. 미국에서도 건국을 위해 영국과 독립 전쟁을 거쳐야 했어
요. 저도 건국은 매우 복잡하고 어려운 과정이라고 생각해요. 단
순히 국가를 세우는 것만이 아니라 국가 창설 후의 생존까지 말
이죠. 건국 그 자체만으로는 충분치 않아요. 정작 중요한 문제
는 '이 새로운 나라가 숱한 난관을 얼마나 잘 이겨낼 수 있느냐'
일 겁니다. 저는 건국에 있어 중요한 문제가 잘 극복되어야 한다
고 생각합니다.

나레이션

북한에는 '건국전쟁'이라는 말이 없다. 무력에 기초한 소련과 김일
성의 일방적인 강압 정책들로 자유가 사라지고 사회적 대립조차

존재하지 않았다는 의미다. 반면 대한민국에는 자유가 존재했었고 건국을 둘러싼 갈등도 많았다. 그리고 그 시기 대한민국의 건국전쟁은 이승만의 고독한 싸움이었다.

그렉 브레진스키
저는 한국이 자신의 역사를 정직하게 점검하고 자신의 지도자를 정확하게 평가하려면 문서와 기록이 가장 중요하다고 생각합니다. 이승만 대통령에 대한 자료는 기밀이 해제되어 일반에 공개된 걸로 알고 있습니다만 한국은 1950년대 기록들이 많이 부족합니다. 어떻게 된 일인지 모르겠습니다. 훼손되었을까요? 삭제되었을까요? 이 기간 동안 가능성이 있던 다른 지도자들을 살펴보면 … 다른 대안도 있었고, 아마 그중에는 더 나은 대안이 있었을지도 모르겠네요. 그건 알 수 없지만, 이승만을 대신할 만한 리더는 별로 없었습니다. 진정한 민족주의자이면서 반공주의자인 사람은 많지 않았어요. 그래서 그렇습니다.

7. 한성감옥에서 사가모어 힐까지

이승만, 하와이에서의 고독한 말년

나레이션

1960년부터 시작된 이승만의 하와이 생활은 외롭고 쓸쓸했다. 생활비도 없어서 하와이 교민들이 매달 생활비를 모아서 보냈을 정도였다. 그렇지만 그는 조국으로 돌아가겠다는 염원을 한 번도 잃어버리지 않고 살았다. 과연 그는 어떤 대한민국을 만들고 싶었던 것일까?

1905년 러일 전쟁

참전용사

이승만은 아주 훌륭한 지도자인 데다 아주 훌륭한 사람이었습니다. 물론 그는 오래 전에 세상을 떠났습니다만, 한국이 자유롭고 민주적인 국가가 될 수 있도록 도왔습니다. 그는 우리 조지 워싱턴과도 같았습니다.

나레이션

조선이 주권을 잃고 일본에 강제 병합되기 전, 1895년 청일전쟁과 1905년 러일전쟁, 두 차례의 전쟁으로 이미 조선은 초토화됐다. 전쟁의 승자는 일본이었다. 한반도의 지배권은 결국 일본의 손으로 넘어갔다. 개혁을 통해 군주제를 극복하려 했던 청년 이승만 앞에는 일본 제국주의라는 새로운 적과 맞서야 할 운명이 기다리고 있었다.

이승만의 한성감옥 시절

나레이션

나라가 위태로운 지경이 되자 조선의 집권자들은 1882년 미국과 맺은 한미조약을 떠올렸다.

"만약 제3국이 양국 중 어느 한 나라에 어떤 불공평하고 경솔한 행동을 하면 그들은 상호간에 통보를 하고 반드시 서로 도와야 할 것이고 알선을 통해 평화적인 타협에 도달할 수 있게 하며, 그렇게 함으로써 그들의 우호관계를 보이도록 한다."

주동완

이렇게 조선이 어려울 때 우리가 믿고 저기할 건 미국밖에 없다. 그래서 미국에 갖다 얘기를 하면 미국 사람들이 금방 도와줄 거라고 생각을 했던 거죠.

나레이션

기독교와 자유주의, 이 두 가지는 청년 이승만에게 큰 영향을 미쳤다. 소수가 다수의 열등한 사람을 다스리는 것이 아니라, 모든 사람이 열등감을 갖지 않도록 해주는 정부. 근대 공화정에 기초한 근대 민주주의가 그의 마음속에 싹트기 시작한 것이다.

인서트

이승만의 한성감옥 시절은 기독교를 받아들였다는 점에서도 이승만의 인생에서 특별합니다. 그는 죽음 직전의 순간에 신으로부터 구원을 받았다고 합니다. 그리고 자신의 믿음을 감옥 안에서 전파하기 시작했습니다. 40여 명의 지식인들이 그로 인해서 기독교인이 되었습니다. 조선에서 선교 활동을 하던 미국인 선교사들의 눈에는 엄청난 일이었습니다. 이후부터 기독교 선교사들이 이승만에게 지원을 아끼지 않은 것도 그런 이유였습니다.

데이빗 필즈

제가 관심을 가지고 있는 관점은 미국의 사명에 대한 것입니다. 미국은 많은 자원과 넓은 땅과 많은 인구를 보유하고 있는데, 이러한 축복 받은 땅을 가진 것에 대해 신이 부여한 특별한 사명이 미국에 있다고 생각한다는 것입니다. 그러한 미션이 무엇인지는 논쟁의 여지가 있습니다만, 이승만이 살던 1890년대부터 1920년대 당시 대다수의 미국인들은 '전 세계에 기독교를 전파'해야 한다는 특별한 사명을 가지고 있다고 믿었습니다.

어떤 미국인은 자국이 우드로 윌슨체제에서 세계를 민주주의화해야 한다는 특별한 미션을 가지고 있다고 믿었어요. 이런 믿음에 따라 제2차 세계 대전에서 파시즘과 싸웠고, 1950년대에 공산주의를 제패하려고 노력했어요. 저는 이승만이 이러한 미국 예외주의를 활용하여 미국인들에게 한국에 대한 관심을 촉발했다고 생각합니다.

1882년 한미조약에 관해서도 그는 미국 예외주의를 활용하여, 미국이 이 조약을 위반했으며, 전쟁이 끝난 후 한국이 독립국이 되도록 보장함으로써 미국의 잘못을 바로 잡아야 한다고 주장했습니다. 1950년대에도 이승만은 미국 예외주의를 반공에 활용했습니다. 미국이 공산주의를 제패한다는 사명을 수행하기 위해 한국에 관심을 가져야 한다는 주장이죠. 이와 같이 이승만은 지속적으로 미국 예외주의를 적극 활용했다고 볼 수 있습니다.

인서트
'American Exceptionalism,' 미국 예외주의는 그 시기 미국을 설명하는 중요한 도구입니다. 신으로부터 특권을 받은 특별한 존재라는 사명감 덕분에 선교에 적극적으로 나서게 되었고 결국에는 여기 아시아에서 한국을 발견하게 된 것입니다.

송재윤
프린스턴에서 공부를 하면서 윌슨을 통해서 받았던 사상적 영향 때문이 아닌가 저는 그렇게 생각하고 있습니다. 윌슨은 기본적으로 어떤 외교적 이상주의를 추구했던 사람인데요, 그 당시 이 사람이 주장했던 바를 구체적으로 들어가서 보면 '도덕외교'라는 개념을 우리가 만나게 됩니다. 'moral diplomacy'라고 하는데요. 이 'moral diplomacy'의 핵심은 미국 예외주의에 있습니다. 그러니까 미국이 서구 열강과 똑같이 행동하면 안 되고 다른 먼저 앞서간 서구 열강과는 달리 자유와 민주를 전 세계에 퍼뜨리는, 어떤 도덕적 임무를 띠고 있다는 그런 식의 … 미국의 특수한 임무를 강조하는 그런 외교 노선이라고 할 수가 있습니다. 물론 현실에서 미국이 그것을 다 구현했다고 볼 수는 없는데요. 이상주의로서 … 이상주의자로서의 윌슨이 식민지 청년 이승만에게 줬던 아주 강력한 인상, 그리고 영향을 우리가 무시할 수는 없다고 생각을 합니다. 이승만은 바로 그런 미국의 외교적 이상주의에 동의했고 나중에 보면 이 사람이 미국 사람들과 대화를 할 때 바로 미국 사람들이 그들 스스로 20세기 초부터 선행했던 바로 그 외교적 이상주의를 들어서 미국 사람들을 압박하는, 그런 굉장히 영리한 외교 전략을 취하죠.

나레이션

신으로부터 누구나 부여받은 천부인권, 평등하게 태어났다는 신념이 이승만을 사로잡았다. 이승만에게 미국과 기독교는 엄청난 영향을 미쳤다. 이승만은 기독교 국가인 미국을 모델로 해서 신생 대한민국을 만들려고 했다. 하지만 현실 국제정치에서 자국의 이익을 추구하는 미국의 정치인들을 보며 이승만은 계속해서 실망과 좌절을 경험하게 된다.

송재윤

미국의 정신을 상기시켜서 미국 사람을 압박하는 식민지 청년의 그 바로 영리한 전술, 이 영리한 전술이 사실은 대한민국을 살리는 … 어떤 위기 속에서의 자구책이 되지 않았나 저는 늘 그렇게 생각하고 있습니다.

그게 미국 사람들한테 큰 감동을 줬죠. 우리가 잃어버렸던 우리의 가치를, … 식민지 지도자를 겪고 그 다음에 신생국가의 대통령이 된 이승만이 대신 얘기를 해주고 거기에 미국 사람들이 호응하는 그런 모습을 연출했다고 볼 수가 있습니다. 그 점에서 이승만은 그 미국의 누구보다도 민주주의에 대한 신념이 강했던 사람이고 자유주의에 대한 신념이 강했던 사람입니다. 그렇기 때문에 그 사람의 신념을 설파함으로써 미국 사람들을 압박하는 … 제가 보기에는 호기롭고도 슬기로운 정책이 아니었나 그렇게 생각하고 있습니다.

인서트

1904년 이승만은 정부의 밀서를 가지고 미국으로 떠났다. 민영환과 한성감옥에 수감 중이었던 이승만의 출옥을 도와준 한규설은 비밀리에 미국에 조약 이행을 요청하는 특사를 보내고자 했다.

'가쓰라·태프트 밀약'

인서트

이승만은 하와이 교민을 대표한 윤명구 목사와 함께 태프트의 소개장을 앞세워 *1905년 8월 4일,* 뉴욕시 동쪽 오이스터만의 루스벨트 대통령 별장을 방문했다. 하지만 외교적인 일은 정식 절차를 밟아야 하니, 청원서를 워싱턴의 한국 공사관을 통해서 제출

하라고 권유했다. 그러면 러시아와 일본의 평화회담에 즉각 제출하겠다고 약속했다.

이한우

그 시절에 결국에는 이제 어떤 '나라를 구하겠다'라는 어떤 청년의 입장에서 시어도어 루스벨트를 만났는데 사실은 이미 만나기전에 가쓰라·태프트 밀약을 맺으면서 이미 미국은 정리가 돼 있지 않았습니까? 해서 그리고 나중에 이것이 이승만에게 … 진짜 미국을 제대로 알고 아무리 내가 미국이 좋지만 얘네들하고 이것을 … 이 정치가들을 잘 활용하는 굉장히 귀중한 교훈으로 삼게 되는 사건이라는 생각이 들거든요.

나레이션

이승만은 희망에 부풀어 워싱턴의 한국 공사관으로 달려갔다. 정식 외교 경로를 거쳐야 할 경우, 적극 도와주겠다고 했던 김윤정에게 자초지종을 말했다. 그러나 김윤정은 일본과 조선 사이에서 이중플레이를 하고 있었다. 워싱턴의 일본 공사에게 이승만의 활동을 상세히 보고하며 자신이 한국 공사가 되면 일본에 적극 협력하겠다고 약속하기도 했다. 훗날 김윤정은 일본 측에 협력한 대가로 전라북도 도지사가 되었다.

인서트

김윤정은 이승만의 요청을 거절했다. 이승만은 마른하늘에 날벼락을 맞은 셈이다. 그의 머릿속에는 4천년 역사를 지닌 자신의 나라가 이제 망하는 것이란 생각이 들었다.

나레이션

당시 국제정세는 조선에 불리했다. 미국은 러시아의 팽창에 신경을 곤두세우고 있었다. 러시아의 남진을 막기 위해 영국은 일본과 동맹을 맺었다. 미국 역시 같은 편이었다. 이는 러일전쟁 당시 영국과 미국이 일본을 적극 지원한 것에서도 분명히 드러난다.

시어도어 루스벨트의 편지

"한국을 위해 일본에는 전혀 간섭을 할 수 없다. 한국인은 자신을 위해 일본에 주먹 한번 휘두르지 않고 있는데 어느 나라가 한국을 위해 나서겠는가."

- 시어도어 루스벨트 대통령이 헤이 국무장관에게 보낸 편지 중

나레이션

시어도어 루스벨트와의 만남은 국제정치의 비정함을 일깨워준 사건이었다. 그는 독립을 위해 자력으로 노력하지 않는다면 국제사회에서 누구에게도 도움을 받을 수 없다는 사실을 깨닫게 된다.

인서트

미국 대통령 시어도어 루스벨트는 일본의 발전상에 깊이 매료되어 있었다. 후발주자가 메이지 유신 이후로 눈부시게 성장하는 모습에 찬사를 보내는 반면, 조선의 후진성에는 경멸에 가까운 감정을 품고 있었다. 그는 "러시아를 억제하기 위해 일본이 한반도를 가져야 한다"고 주장했다. 그의 눈에 조선은 자신을 지키기 위해 주먹 한번 휘두르지 못한 나라였다.

나레이션

루스벨트는 가쓰라·태프트 밀약을 통해 일본의 한국 침탈을 돕는 적극적인 행동에 나섰다. 이 사실은 그로부터 19년이 지난 1924년에야 세상에 알려졌다. 존스 홉킨스대학의 데넷 교수가 루스벨트의 서한집에서 발굴한 자료를 토대로 '가쓰라·태프트 밀약'을 폭로했다.

나레이션

그 내용은 1905년 7월 27일, 도쿄에서 일본 수상 가쓰라와 미국 육군 장관 태프트가 일본이 한국을, 미국이 필리핀을 차지하는 데 합의했다는 것이다. 7월 31일 루스벨트는 전보를 보내 "태프트가 한 말에 모두 동의한다"고 밝혔다.

주동완

제가 보기에는 이승만으로서는 그 당시에 상당히 큰 희망을 가졌을 거예요. 이승만은 참 제가 볼 때 땅을 치지 않았을까, 땅을 치고 통곡하지 않았을까. 자기가 '그때 가서 루스벨트 대통령을 만나서 도움을 진짜 받을 수 있었으면 … 우리가 이렇게 을사늑약 같은 건 당하지 않았을 텐데, 이런 걸 생각하지 않았을까' 하는 생각이 들거든요.

당시에 굉장히 중요한 교훈을 얻었을 거라고 생각을 해요. 왜냐하면 지금 다 아시다시피 이승만은 외교적인 그런 노선을 통해서 조선의 독립을 추구했던 사람이기 때문에 1924년에 가쓰라·태프트 밀약이 세상에 알려졌을 때 자기가 속았다는 그런 느낌도 받았을 거고 그러면서 외교의 중요성을 더 느끼고, 그러니까 뭐 미국을 원망하거나 루스벨트 대통령에 대해 뭐 좀 섭섭했거나 뭐 이런 감정보다는 오히려 외교에 대한 중요성을 굉장히 더 많이 느꼈을 것 같아요. 그리고 자기가 실제로 당한 거니까. 그래서 그런 것들이 이승만으로 하여금 이 외교를 통한 조선의 독립을 주장하는 것을 더 강화시키고 그것의 중요성을 더 알게 되고 하지 않았나 ….

인서트

이 사건은 청년 이승만에게 큰 영향을 미쳤다. 강대국들의 흥정 속에 약소국들은 언제든지 이용되고 희생될 수 있다는 것을 알게 됐다. 그는 외교관계에서 힘이 없는 나라가 얼마나 서러운지를 뼈저리게 느꼈다. 그 과정을 통해서 국제관계의 현실을 직면하여 강대국의 논리를 파악하게 된다.

미국 대학생활의 시작

나레이션

그가 처음 선택한 대학은 워싱턴DC에 자리잡은 조지워싱턴대학이었다. 수도 워싱턴의 한복판, 백악관 바로 옆에 위치한 미국 정치의 중심지, 그것이 이승만이 조지워싱턴대학을 선택한 이유였다. 그리고 이미 이때부터 이승만은 일본의 침략 본성을 사람들에게 알리기 시작했다.

인서트

이승만은 명문 하버드와 프린스턴에서 석사와 박사 학위를 취득했다. 당시 프린스턴 대학의 총장은 훗날 뉴저지 주지사를 거쳐 미국 대통령에 취임하는 우드로 윌슨이었다. 윌슨은 이승만을 아꼈고 그의 집에 초청하기도 했다. 이승만은 총장의 집에 드나들며 가족들과 가까이 지내는 학생 중 하나였다.

이승만은 미국의 학사, 석사, 박사 과정을 5년 만에 마치는 진기록을 수립했다. 이승만이 졸업한 조지워싱턴, 하버드, 프린스턴은 미국인들에게도 선망의 대상이던 명문 대학들이었다. 이곳에서 얻은 인맥은 훗날 이승만이 미국을 상대로 독립운동을 벌이는 데 좋은 자산이 되었다. 일찌기 이승만은 감옥에서 쓴 『독립정신』에서 나라를 개방하고 교육을 해야 한다고 주장했다. 그의 개방주의적인 면모가 박사학위 논문에서도 그대로 드러난다. 그리고 이승만의 논문은 1912년에 프린스턴 대학교 출판부를 통해서 공식적으로 출판이 될 만큼 학문적 수준과 중요성을 인정받는다.

나레이션

이승만의 논문은 윌슨 대통령이 인용을 할 정도로 수준이 높았다. 이로써 이승만은 서양사, 신학, 정치학, 철학 등의 폭넓은 기초 위에 국제법을 익힌 한국 역사상 최초의 국제 정치학자가 되었다. 이한우는 다음과 같이 평가한다.

인서트

이한우

그렇잖아요? 21세기에 이승만과 같은 지성에 올라간 한국 사람이 없어요. 한학과 또 미국 최고의 학문, 서양 학문과 그 다음에 현장 경험과 그 다음에 이 한결같은 의지와 이런 게 한 군데 모여진 사람이 없어요. 그러다 보니까 이게 분석하고 이런 것보다는 50년대 보면 그냥 부분 부분을 막 찬양할 뿐이었지 이게 이승만이 지금 뭘 하고 있는지도 사실 우리 국민들이 제가 볼 때는 잘 많이 몰랐죠. 그런데 이 박사 돌아가시고 나서 허정 내각 수반이 이제 추도사를 한 것을 보면, 그게 제가 볼 때는 그동안 본 글 중에 이 박사에 관한 가장 뭐라 그럴까 객관적인 담담한 평가 같아요. 4·19 직후인데도.

우리가 이 근대로 … 전 근대에서 근대로 넘어오는 길을 인도한 사람이죠. 그래서 근대 국가까지 만들어줬기 때문에, 그런데 그거 사실 굉장히 어렵거든요. 한 명이 그것도 한 사람이 그런데 그 굉장히 상징적인 활동이 사전을 만들다가 중단한 거잖아요. 이 사전이 바로 뭐예요? 이거 언어의 적을 넘어서는 거거든요. 그러니까 종종 이제 본인이 그렇게 생각한 것 같고 프란체스카에게도 표현했지만 이 박사는 자기 길을 모세의 길이라고 늘 생각했던 게 그 지금 와서는 오히려 저는 맞다. 옛날에 뭐 정권이 있는 듯 당시 이런 얘기하면 아첨이다 이러지만 이 박사가 우리한테 뭐냐?

그건 결국은 우리한테 모세 역할을 한 거예요. 그래서 그 근대기를 넘어올 수 있게 해줬고 자존심을 지켜줬고 그래서 그게 이제 굉장히 위대한 거고, 사실 또 우리가 이승만 하면 순서와 관계없이 하나 꼭 짚어야 될 것은 제가 그후에 중국 공부를 하고 있는

데 역사에서 장군이 아니고서, 즉 무력이 아니고서 국가를 세운 사람이 없어요. 그런데 이승만은 말로 이 국가를 세웠거든요. 말로. 무력이 아니라. 이런 걸 우리가 다 놓치니까 이 사람이 평생 동안 한 일이 뭔지를 잘 모르는 거죠.

나레이션

그러나 세계 정세는 그를 가만히 내버려두지 않았다. 1910년 그가 프린스턴대학에서 국제법 박사 학위를 받는 시기는 '한일합병'으로 사실상 대한제국의 주권이 상실되는 시기와 겹친다. 그는 박사 학위를 받은 뒤 미국에서 대학교수로 여생을 마칠 수도 있었다. 윌슨 대통령의 신임을 얻을 정도였고, 미국 내 많은 기독교인들의 전폭적인 지지를 받고 있었다. 하지만 그의 다음 행보는 미국이 아니라 놀랍게도 한국으로의 귀국이었다.

이한우

제가 그때 그 4월 26일날 물러난다고 하는 날, 경호대에 들어갔던 당시 청년을 제가 인터뷰를 했었거든요. 그때 이제 그 이 박사가 듣고는 "학생들이 죽었어? 그럼 안 되지 내가 물러나야지." 이것도 사실은요 좌파들이 자꾸 "미국이 압력을 넣어서 했다"라는 이런 논란이 있어요. 미국 대사관 쪽에서 혹은 CIA 쪽에서 이렇게 했다는 건데 그거는 확실히 이야기는 오갔지만 그 결심을 한 것은 이 박사가 먼저 한다고요.

독재는 (왜냐하면) 우리가 독재를 얘기하려면 의회가 마비가 돼야 되고 언론이 탄압을 받아야 되는데 그때 경향신문 사건이 있긴 했어도 그때가 지금 돌이켜 보면 노태우 정부 다음으로 언론 자유가 또 의회의 자유가 만개했던 때가 그때거든요. 장기 집권한 거죠.

105인 사건과 기독교 탄압

나레이션

비록 그의 조국은 지도상에서 사라져 버렸지만, 그에게는 할 일이 남아 있었다. 1911년 조선으로 돌아온 첫 해, 질식할 것 같은 한일합병 초기, 고국에 돌아와서 아직도 집집마다 통곡이 끊이지 않을 때 그는 YMCA 간사로 교육활동을 시작했다.

교육재건

학교신축, 전쟁의 폐허 속에서도 공부를 계속, 전쟁 중 천막 학교 운영

"오늘의 한국을 만드는 데 중요한 역할을 한 엘리트들이 교육을 받을 수 있었다."

- 초등학생 숫자, 해방 당시 136만 명
  1960년 360만 명으로 증가
- 초등학교 수, 2800개에서 4600개로 증가
- 대학교 19개교에서 68개교로 증가
- 대학생 8천 명에서 10만 명으로 증가
- 인구 5천 만이었던 영국과 비슷한 수치

인서트

이미 한성감옥 시절 기독교에 기초한 교육 입국론을 펼쳤던 이승만에게 어울리는 직업이었다. 그는 전국에 YMCA를 조직하고, 성경과 국제법을 강의했다.

나레이션

당시 기독교 활동은 위험했다. 총독부는 기독교인이라면 의심의 눈초리로 보았다. 당시 기독교인들은 거의 민족주의자들이었고 기독교를 통해서 독립을 추구하는 이들이었기 때문이었다. 일제의 탄압이 시작된 것도 그런 이유였다.

인서트

일제는 조선 기독교 지도자들을 탄압하기 위한 음모를 꾸미기 시작했다. 그게 바로 105인 사건이었다. 1911년 11월 11일, 기독교인들이 데라우치 총독의 암살을 시도했다며 무려 700여 명을 검거했다. 그들에게 무지막지한 고문을 가한 뒤에, 123명을 기소했다. 고문을 받다가 사망한 이가 3명, 정신 이상을 일으킨 이가 4명이 되었다. 최종 유죄 판결을 받고 구속된 사람은 105인이었다.

인서트

탄압의 마수는 이승만을 향했다. 본인도 구속될 각오를 했다. 위급한 상황에서 또 한 번 이승만을 구한 것은 미국 선교사들이었다. 그들은 총독부 측에 미국 교계에서 상당히 이름이 알려진 이승만을 체포하면 국제적으로 말썽이 일어날 것이라고 경고했다.

나레이션

1912년 기독교 감리회 4년차 총회가 미국 미니애폴리스에서 열릴 예정이었다. 선교사들과 감리교 목사들은 한국 대표로 이승만을 파견하기로 결정했다.

이승만은 집을 저당 잡혀 여비를 마련했다. 그가 한국을 다시 떠난 것은 공교롭게도 만 37세가 되던 생일날이었다. 박사 학위를 마치고 돌아온 지 2년이 채 못 되어 기약 없는 망명의 길을 떠난 것이다. 1912년 3월 26일, 눈물로 아버지와 마지막 인사를 나눈다.

이승만의 일기

"기독교나 민주주의 정신은 약자를 보호하는 데 있습니다. 지금 일본은 무력으로 한국의 주권을 빼앗고 한국인을 탄압하고 있습니다. 그러니 세계 기독교도들은 단결해서 이 피압박 민족을 하루속히 해방시키고 아시아의 평화를 이룩하며 나아가서는 세계 평화 유지에 이바지해야 할 것입니다."

8. 우드로 윌슨, 민족자결주의

인서트

이승만은 결국 감리교 세계대회를 마치고 다시 프린스턴 시절의 스승 윌슨을 찾아갔다. 당시 그는 주지사를 거쳐 대통령 후보 출마를 준비하고 있었다. 이승만은 한국의 해방을 세계에 알리는 성명서에 서명해줄 것을 부탁했지만, 윌슨은 다음과 같이 말하며 거절했다.

"개인적으로는 얼마든지 당신의 뜻에 동의하오. 그러나 미국의 정치를 위해 서명할 수 없소. 하지만 모든 약소국을 위해 할 일을 생각 중이오."

나레이션

훗날 윌슨이 민족자결주의를 주장했을 때, 이승만은 "약소국을 위해서 할 일"이 그것이었음을 직감할 수 있었다. 윌슨은 한국 독립을 위한 서명은 거절했지만 강연을 위한 추천장을 기꺼이 작성해 주었다. 그러면서 이승만에게 평생 잊지 못할 충고를 하나 남긴다.

우드로 윌슨

나 한 사람의 서명만 받을 생각하지 말고, 미국인들의 마음의 서명을 받도록 하시오.

나레이션

이 한 마디는 이승만에게 엄청난 영향을 미쳤다. 훗날 그는 미국의 양심과 여론에 호소하는 독립운동을 전개하는데, 바로 윌슨에게서 받은 영향이 크게 작용했다. 또한 다른 한 편으로는 윌슨의 민족자결주의 선언에 이승만이 큰 자극을 준 것이라는 해석도 가능하다.

인서트

하지만 여전히 미국은 일본과 오랫동안 동맹관계에 있었다. 미국 기독교도들의 입장도 정부와 다르지 않았다. 한국보다는 일본을 믿었고, 일본의 능력에 기대감을 갖고 있었다. 이 시기부터 이승만은 여론에 호소하는 직설적인 행동으로 맞선다. 여론을 일으키는 선동으로 미국을 압박하기 시작한 것이다.

1912년 볼티모어, 민주당 대선에 등장한 태극기

송재윤

과연 그렇다면 우드로 윌슨과 그 당시 한국의 어떤 지정학적 역할이라든지 아니면 한국이 갖고 있는 국가적 존재 의의를 논했던 사람이 과연 누구였을까 생각해보면 당연히 자연스럽게 이승만을 떠올릴 수 밖에 없는데요.

그것은 이승만이 바로 프린스턴 대학에서 박사 학위 공부를 했고 또 우드로 윌슨과 교류를 했던 사람이기 때문에 그렇습니다. 우드로 윌슨은 그 당시에 프린스턴대학 총장으로 있다가 이제 정계로 들어갔던 사람이기 때문에 그렇죠. 그렇기 때문에 그런 모든 것을 우리가 종합적으로 고려해보면 그 당시에 우리가 역사적으로, 아직 확정할 수는 없지만 우드로 윌슨과 이승만의 어떤 직접 교감이랄까 아니면 사상적 토론이랄까 이런 것이 있었다고 우리가 생각해 볼 수 있습니다.

나레이션

청년 이승만의 존재를 탐색하던 중에 아주 우연히 미국 대선 때 등장한 태극기를 발견했다. 우드로 윌슨이 뉴저지 주지사에서 미국 민주당 대선 후보로 선정되었던 1912년 볼티모어 전당대회 때 등장한 태극기였다. 대통령 후보를 선출하기 위한 민주당 전당대회의 기념물이었다. 중요한 것은 사진 속에 태극기가 여러 나라 만국기들 가운데 한 자리를 차지하고 있다는 사실이다.

송재윤

그런 나라들은 갓 독립을 했거나, 독립은 했지만 독립적 지위는 아직 확보를 못한 상태에 불안전한 국가들이었거든요. 그러니까 우드로 윌슨이 민족자결주의 19세기 후반부터 일어났던 민족자결주의를 아주 구체적으로 어떤 정치적 이념으로 내세워서 그런 국가들한테 어떤 국제적인 독립국의 지위를 부여하겠다는 그런 의지를 표명했다고 볼 수가 있죠.

선거 홍보물 한 장의 어떤 세계적 인식이 종합적으로 들어가 있다고 우리가 볼 수가 있습니다. 역사에서는 때론 문서 한 장에 어떤 문명사적 시각이라든지 아니면 아주 중요한 정치적 메시지가 담겨있는 경우가 굉장히 많다고 생각합니다.

인서트
송재윤

'1912년이면 이미 대한제국은 망하고 없어졌던 때인데, 어떻게 미국 민주당 전당대회 같은 공식적인 장소에 태극기가 사용되었을까?' 처음에는 혹시 전당대회 행정을 맡았던 담당자의 착오가 아닐까 하는 생각도 했다. 여러 가지 정황으로 봤을 때 분명 의미 있는 물건임에는 분명해 보였다.

아, 이게 그럴 수 있겠다. 이게 그 필리핀의 독립을 주장했던 그 윌슨의 민족자결주의 그리고 그게 국제연맹으로 가는 이 사람의 어떤 국제질서에 대한 평화 전략, 이런 게 다 담겨 있지 않나 저는 그런 생각을 했습니다. 그런 면에서 태극기가 그 위에 올라갔다는 것은 굉장히 중요한 의미가 있고 이것은 제가 보기에 우리나라 중앙박물관에 소장되어야 될 어떤 중요한 유품이 아닌가 그런 생각을 해봅니다.

그렇기 때문에 또 하나 중요한 의미는 그게 불과 7년 후에 3·1운동을 통해서 태극기가 다시 한 번 그 대한민국의 정체를 상징하는 굉장히 중요한 심볼이 됐지 않습니까? 그런 의미에서 민주당 정당 내에서 사용됐던 이 홍보물은 우리에게 굉장히 중요한 의미가 있다고 생각을 하고 ….

나레이션
이승만과 우드로 윌슨은 특별한 관계였다. 이승만이 1910년 프린스턴 대학교에서 박사학위를 받을 때, 우드로 윌슨은 대학 총장이었다. 단지 스승과 제자의 관계를 떠나서 이승만에게 우드로 윌슨은 객지에서 그를 따듯하게 보듬어준 가족 같은 존재였다. 생활비가 늘 부족했던 이승만에게 곳곳에 강연 자리를 알선해주고 열심히 공부하라고 격려했던 따뜻한 존재였다.

인서트

송재윤 교수

두 사람의 특별한 관계를 고려했을 때, 1912년에 등장한 태극기는 분명 의미 있는 것이란 확신이 들었습니다. 그리고 또 하나 중요한 발견을 하게 되는데요, 사진 속에 등장한 만국기들이 대부분 신생 독립국가의 국기라는 사실, 그리고 태극기는 영어 알파벳순으로 배열된 속에 자리를 잡고 있다는 것을 발견했습니다. 그래서 Corea인 대한제국은 국권을 상실했음에도 불구하고 Japan인 일본보다 위쪽에 배치가 될 수 있었던 겁니다.

나레이션

그렇다면 과연 누가 국권을 상실한 대한제국의 국기를 전당대회 공식 홍보물 속에 넣었던 것일까? 혹시 우드로 윌슨의 뜻은 아니었을까? 실제로 청년 이승만은 조선의 독립을 위한 청원서에 서명을 해달라는 우드로 윌슨으로부터 정중히 거절을 당했다. 그때 윌슨이 이승만에게 했던 충고는 이승만에게 엄청난 영향을 미쳤다.

인서트

대중의 정치의식과 여론을 중시하는 그의 정치 철학은 그렇게 만들어졌다. 정치도 결국엔 사람의 마음을 얻는 일이라는 사실을 깨닫게 된 것이다. 훗날 이 경험은 토지개혁이나 한미상호방위조약 체결 같은, 대한민국의 운명을 결정짓는 순간에도 위력을 발휘했다.

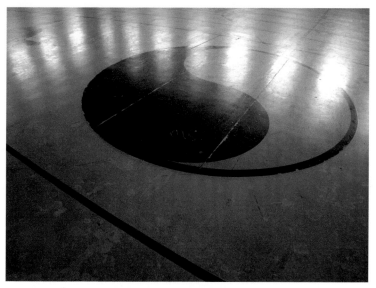

거대한 성조기, 바닥에 새겨진 태극 문양

나레이션

놀랍게도 1912년 전당대회가 열렸던 공간은 그대로 보존되어 있었다. 1만 명이 들어갈 수 있을 정도로 홀의 크기는 웅장했다. 홀 중앙엔 거대한 성조기가 걸려 있어, 그곳이 미국의 역사에서도 꽤나 의미 있는 공간임을 증명하고 있었다. 그리고 그곳에서 또 하나의 아주 특별한 우연과 마주쳤다. 홀 바닥에 새겨진 커다란 태극기 문양이었다. 1912년은 청년 이승만에서 정치가이자 교육자로서 도약하는, 이승만 일생에서 매우 중요한 시기이기도 했다. 조선의 독립을 청원하러 처음 도착했던 미국 땅, 미국에 느꼈던 배

119

신감, 배고픔과 외로움을 견뎌내야 했던 가난한 학창시절, 그러나 1912년 비로소 청년 이승만은 스스로 알을 깨고 세상을 향해 날아 올랐다.

1919년 동경 유학생 2·8 독립선언

류석춘

유명한 시인 서정주 그 양반이 쓴 거 보면 이승만 대통령이 3·1 운동 나기 전에 우리나라의 지도자들한테 "우드로 윌슨의 민족 자결주의 같은 것을 자기가 미국에서 주장하고 다니는데 이 주장을 뒷받침을 받으려면 한국에서 독립을 요구하는, 우리가 아는

3·1운동 같은 밑바닥에서의 요구가 있으면 내가 이 얘기하는 게 굉장히 도움이 되니까 니네 좀 그런 방법으로 어떻게 좀 일을 꾸며봐라"라는 요구를 했다라는 얘기가 나오더라고요. 그리고 실제 뭐 샤록스(Sharrocks)인가 하는 어떤 선교사한테 그런 편지를 보내기도 하고, 그래서 최근에 나오는 얘기는 이승만 대통령이 3·1운동을 사실은 다 기획한 거였다라는 주장도 나오고 있습니다.

나레이션

우드로 윌슨과 이승만과의 특별한 관계를 추적하다 보면 한 가지 흥미로운 사건과 마주치게 된다. 바로 1919년 3·1운동이다. 1918년 독일의 패배로 제1차 세계대전이 끝났다. 다음해인 1919년 1월 파리에서는 1차 대전 종전 이후 국제질서를 재편하기 위한 32개 국가들의 회의가 개최되었다. 식민지 대한제국의 주권을 되찾기 위한 독립 청원서를 제출하자는 움직임이 독립운동 단체들 내에서도 일어났다. 이승만과 김규식은 대한인국민회 대표 자격으로 파리 강화 회의에 참석하려 했다.

인서트

이승만과 김규식의 파리 강화 회의 참석은 주미 일본 대사관의 방해 공작과 일본의 눈치를 본 미국 정부가 여권과 비자를 발급해주지 않아 실패로 끝났다. 결국 이승만과 김규식은 대한인동지회 대표 자격으로 파리 강화 회의에 공식 서한을 발송한다.

나레이션

서한은 청원서에 서명한 미국, 하와이, 멕시코, 중국, 러시아 거주 한인 150만 명을 대표해서 '대한인국민회' 집행위원회의 승인을 받았다고 밝히고 있다. 그리고 이 서한에는 훗날 논란이 되었던 '국제연맹 위임 통치'에 대한 입장과 한반도를 중립화해서 국제평화를 추구하자는 내용이 담겨 있다.

인서트

국제연맹 위임 통치에 관한 내용이 알려지자 임시정부 내부에서는 이승만을 성토하는 목소리가 커졌다. 심지어 신채호는 '이완용은 있는 나라를 팔아 먹었지만, 이승만은 없는 나라까지 팔아 먹었다'며 이승만에 대한 비난의 수위를 높였다. 하지만 당시 '국제연맹에 위임 통치'로 중립국의 지위를 얻자는 아이디어는 안창호, 김규식을 비롯해서 독립 운동가들 내부에서 합의가 되었던 생각이었다. 이승만이 없는 나라를 팔아 먹었다는 신채호의 주장은 사실에 맞지 않는다.

나레이션

여기서 한 가지 중요한, 당시의 상황을 올바르게 이해할 수 있는 단서들이 있다. 1919년 파리 강화 회의를 둘러싸고 미국을 비롯한 세계 각국에 한국이 독립에 대한 확고한 의지를 갖고 있다는 것을 보여줘야 한다는 사실이었다. 독립에 대한 한국인들의 의지를 힘으로 과시해야 하는 상황이었다.

인서트

류석춘

1919년 2월 도쿄에서 일어난 한국인 유학생들의 2·8독립 선언과 1919년 3·1운동 등도 바로 이런 배경에서 이해하는 것이 필요합니다. 일종의 '3·1운동 기획설'이 바로 그것인데, 이승만은 이미 국제사회에서 식민지 국가가 독립을 얻기 위해서 무엇이 필요한지를 정확히 알고 있었다는 뜻입니다. 그것은 1919년 4월 필라델피아 한인대회까지 이어졌습니다.

1919년 필라델피아 한인대회

황준석

서재필 박사하고 이 박사가 두 분이 사실 주축이 돼서 한 건데 이승만의 이름을 대기 시작하니까 문정부에서 이승만 소리만 나오면 이게 안 되는거야. 문제가 이게 일을 하다보니까 … 이런 판단으로 가다가는 안 되겠더라고. 나는 이승만 대통령도 같이 좀 했으면 역사적으로 그것이 팩트니까. 그렇게 하면 좋겠는데 이승만을 내세우면 문정부에서 펀딩받고 돈 받는것이 불리해요.

그러니까 이곳이 대한민국의 독립을 의논하고 우리 한인동포들이 이곳에 모여서 처음으로 일본에 대항해서 대한민국은 독립국이다. 이것을 주장했던 곳이고 또, 한 110명이 모여서 3일 동안 회의를 해가지고 미국 시민이나 일본에 보내는 포고문들을 만들어서 대한민국의 자주독립을 외쳤던 곳이 바로 이곳입니다.

이승만이 서재필한테 뭘 제안하냐면 그러지말고 우리가 필라델피아에서 우리 한인인 컨벤션 대표자회의를 하자. 그래서 서재필과 이승만이 좋다 그래가지고 이승만이 필라델피아를 선택해서 여기서 제1차 한인대회를 하기로 결정을 했는데 그 이유는, 첫째는 미국이 독립한 방식으로 대한민국도 독립했으면 좋겠다, 그런 취지를 가지고 미국 독립의 발생지가 필라델피아니까 필라델피아에서 이 대회를 하는 것이 가장 적합하다. 그런 결론이고 두 번째는 서재필 박사가 그 당시에 필라델피아에 사업관계나 여러가지로 활동을 많이 했으니까 그런 관계를 가지고 하는 것이 유리하겠다 해서 필라델피아를 선택한거죠. 그런데 가장 중요한 것은 필라델피아에서 식민지 13개 주가 모여가지고 미국의 독립선언을 한 것을 그걸 모범으로 삼아서 우리 대한민국의 독립선언을 이곳에서 하자. 그것이 가장 중요한 이유죠.

나레이션
필라델피아 시내에 있는 리틀 시어터는 아직도 연극 공연이 계속되고 있다. 1919년 이곳에서 한인대회가 열렸다.

인서트

황준석

(이곳에 앉아 있으니 감회가 새롭다) 모든 3·1운동의 배경 뒤에는 이런 국제적인 정세를 파악한 이승만이 이런 앞을 내다보고 미군 정치인들의 심중을 알고 국제정세를 파악한 당신의 영향력이 있었다는 사실을 다시 한 번 우리가 조명해서 이 3·1운동의 출발과 시작과, 전개에 대한 부분을 다시 한 번 생각해 볼 필요가 있습니다. 이 모든 것의 뒤에는 3·1운동도 그렇고 이 제1차 한인대회도 그렇고 동경 만세사건도 그렇고 이 모든 뒤에는 이승만의 역할이 있었다는 사실을 우리가 기억해야 될 것입니다.

너무 감개무량합니다. 그 당시에 이 박사님께서 이 자리에 앉아서 전 세계를 향하여 조선이, 대한민국이 독립국이다. 이 사실을 의결하고 선포하고 전 세계에 알렸다는 거, 더군다나 미국인들에게 영어로 이 사실을 알렸다는 것은 얼마나 자랑스러운 일인지 우리 대한민국의 선구자로서 손색이 없고 세계 지도자로서도 손색이 없는 그런 운동이었다고 생각합니다.

자유의 종

황준석

그래서 1995년도에 19명의 대표단이 함께 평양을 방문해서 그 사명을 감당하기 위해 갔었는데 제가 평양을 다니면서 목격한 것 가운데 하나가 벽에 큰 플랭카드가 걸려 있는데 그 문구가 재미있더라구요. "이승만 정권 타도하자." 그 당시가 1995년도면 벌써 이승만 정권 지난 지가 상당한 세월이 흘렀는데 어떻게 이북이 "이승만 괴뢰정권을 타도하자" 그런말을 할 수 있겠는가 의아했습니다. 나중에 알고보니 김일성이 6·25전쟁을 통해서 대한민국을 송두리채 적화통일을 할 수 있다고 믿었는데 이승만의 한 사람의 노력으로 말미암아 그것이 수포로 돌아가고 난 다음 이승만을 철천지 원수로 알아가지고 어떡하든지 대한민국에서 이승만과 이승만의 리더십을 없애야겠다, 이런 각오를 가지고 이북이 이승만 지우기 운동에 앞장섰던 것을 그 당시에 공부하면서 깨달았습니다. 지금도 이북 정부는 대한민국의 이승만 역사가 없어져야 자기들의 공산정권이 합법적인 정부라는, 대한민국의 유일한 정부라고 그런 생각을 가지고 지금도 적화통일에 앞서서 이승만을 역사에서 지우기 위해 애를 쓰고 있다는 사실을 제가 알게 되었습니다.

나레이션

리버티 벨(자유의 종)은 온 세계 자유의 상징이다. 필라델피아에서 이승만이 추구했던 것도 자유의 완전한 회복이었다.

황준석

그니깐 이게 아주 미묘한 건데, 역사가 좋은 점은 부각하고 나쁜 점은 상쇄시키면 좋겠는데 한국사람들은 아무리 좋은 것을 많이 했어도 나쁜 점들을 자꾸 들먹이면서 특별히 이 문정부때는 이 좌파와 정부세력들이 힘을 합해서 어떡하든지 이승만의 역사를 대한민국의 건국과정을 지우려는 노력을 많이 했기 때문에 건국 대통령이 이승만임에도 불구하고 그 부분에 대한 건 전부다 상쇄되고 서재필 박사를 앞장세워서 이 행사를 했고 지난번에 100주년 기념 행사를 한국에서도 보셔서 알겠지만 모든 사람들의 독립운동가들의 사진들이 광화문에 쫙 걸렸는데 빠진 사람이 이승만이야, 이승만만 빼놨어. 그분은 독립운동가기도 하고 건국 대통령이

기도 하고 …, 좌파 정부니까 이승만은 비추지도 않고 사진도 안 걸어놓고 아예 역사를 갖다가 없애 버렸단 말야.

이승만은 여기서 40년을 살았거든? 40년 살았으면 시민이 되고도 남는 사람인데 일부러 이분은 "내가 대한민국 사람인데 내가 왜 외국 국적을 받느냐?" 그래가지고 국적을 안 받았다 말이에요. 이 양반은 미국 시민보다도 더 훌륭한 미국 시민의 자격을 갖고 있어도 한국사람으로 남아 있기 때문에, 그리고 또 한국사람으로 최초로 5년 반만에 조지워싱턴에서 비에이(학사) 하바드에서 매스터(석사) 프린스턴에서 피 에이치 디(박사)를 딴 사람인데 이런 훌륭한 사람이 사실 어메리칸 코리안으로 자격이 있음에도 불구하고 2세 아이들이 이런 훌륭한 선조들의 역사를 잘 모르니까 이런 거를 배워가지고 코리안 어메리칸의 아이덴티티(정체성)를 확립시키는 그런 쪽으로 이 아이들을 훈련시켜야 되지 않겠냐.

서재필 생가

나레이션
그런데 한 가지 의문점이 든다. 왜 필라델피아에는 서재필의 흔적만 존재하는가? 이것은 워싱턴DC 대한민국 영사관 앞에 세워져 있는 서재필 박사의 동상에서도 느껴진다.

인서트

마이클 리

미국에 있는 한국 대사관 앞에 우리 이 박사의 동상이 당연히 서 있어야 돼. 왜 그 자리에 서재필 동상이 올라가 있느냐고. 이것도 시정해야 돼요. 우리만 떠들어서는 안돼. 여기 나와 있는 대사관 스스로 그걸 제거하고 이 박사 동상을 거기다 세워야 되는데 그걸 생각하는 사람이 없다 이거야 지금.

(그곳에 왜 서재필 동상이 서 있나? 이승만을 죽이기 위한 것인가) 정확한 판단입니다. 이승만을 지우기 위해서 서재필을 갖다가 세운 거라고요. 이거 잘못된 겁니다. 미국에 와 있는 대사관도 전부 잘못됐습니다. 이 사람들 정신 차려야 됩니다. 건국이라는 게 얼마나 중요한 겁니까, 사실 우리가 건국을 하는 게 정말 중요한 일이었는데 왜 지금 대한민국의 좌파들은 건국이라는 말을 지우려고 합니까?

조지 워싱턴 생가

마이클 리

이 박사는 미국에서 40년 동안 독립운동을 했는데 미국 시민권을 취득한 일이 전혀 없습니다. 끝까지 대한민국 국민으로 남아 있어요. 하와이 가서도 죽을 때까지 조국을 그리워하면서 눈물을 흘리면서 그분이 돌아가셨습니다. 이런 위대한 지도자를 우리 국민이 죽이고 있어요. 받들지도 않고 … 앞으로 대한민국은 이것을 바로잡을 수 있는, 이것을 시정할 수 있는, 역사를 바로 잡을 수 있는 대한민국 정부가 돌아와야 됩니다. 그것 하려면 제일 먼저 이승만 박사라는 정체성을 우리가 더 살려야 될 첫째 제1순위, 국시 제1순위, 48년 8월 10일 건국 기념일을 대한민국 기념일로 정해야 됩니다. 국회에서 정해야 됩니다.

나레이션

미국은 자신의 국부를 어떻게 모시고 있을까? 포토맥강이 유유히 흘러가는 곳, 마운트 버논이라 부른다. 조지 워싱턴 생가는 그가 살고 있던 당시의 모습을 그대로 보존하고 있다. 미국의 건국 대통령 조지 워싱턴의 생가는 건국의 아버지에 대한 모든 것을 잘 간직하고 있다. 놀랍게도 미국 전역에 3,000여 개의 조지 워싱턴을 기리는 동상과 기념물들이 세워져 있다.

황준석

조지 워싱턴이라고 어떻게 나쁜 면이 없겠어요. 또 링컨도 마찬가지고 모든 건국 지도자들에게 단점들이 많이 있는데도 불구하고 미국 사람들은 역사를 기록하고 역사를 공부할 때 단점들을 들춰가지고 얘기하는 것보다 이분들이 한 업적, 좋은 것들, 그것들을 중점적으로 사람들에게 설명을 하고 그거를 높여서 다 존경

하도록 만들어요

프란시스 터번

나레이션
뉴욕 맨해튼 시내에도 조지 워싱턴의 흔적을 발견할 수 있다. 이 곳은 영국과의 독립전쟁에서 승리한 이후 조지 워싱턴이 마지막 작별 파티를 하고 집으로 돌아간 곳이다.

인서트
텍사스 변호사
국부를 존중하고 기념한다는 것은 중요한 문제입니다.

초라한 프로미스 교회 이승만 기념관

창고 같은 분위기 속 이승만의 영정

나레이션

미국 서부에서는 안창호를 앞세우고 미국 동부에서는 서재필을 앞세워서 이승만의 흔적을 지우고 있다.

인서트

건국 대통령을 제대로 기억하는 것은 그 나라의 뿌리를 제대로 인식하는 것이다.

인서트

여전히 이승만 기념관 건립 하나에도 논란이 되고 있는 현실이 안타깝다.

김동균

뿌리는 결국 공산주의를 신봉하는 북한의 김일성에 의한 3대 세습 정권에 의해서 철저하게 그 이승만 대통령이 부정당하고 있다고 그렇게 저는 생각하고 있습니다. 그래서 사람들의 이론에, 또한 지령에 따라서 종북 세력들 또 좌파 세력들이 이승만 대통령 지우기에 혈안이 돼 있죠. 그래서 우리가 그것을 그대로 방치하는 것은 우리 후세를 위해서는 아주 우리나라의 정통성과 정체성이 흔들린다는 겁니다. 그래서 그것은 반드시 바로 잡아야 될 일이라고 생각합니다.

저도 그것이 굉장히 좀 의문스러워서 항상 생각해 보았습니다마는 뭐 결론부터 … 제가 내린 생각을 말씀드리면 결국은 김일성 북한이, 소련의 사주를 받은 김일성 정권 자기네들의 정권을 정당화하기 위해서 이승만 대통령이 세운 자유민주주의 시장경제 체제를 폄하하기 위해서 이승만 대통령을 아주 나쁘게 왜곡을 시켜서 자꾸만 그것을 선전하는데, 공산당들은 선전이 굉장히 능하기 때문에 그것으로 인해서 아마 많은 우리 국민들이 잘못 인식을 하고 있지 않느냐 생각이 들고요. 특히 그 북한의 지령을 받은 전교조의 잘못된 교육이, 그리고 교과서를 잘못 만든다든지 이런 것들이 아마 큰 원인이 아닌가 그렇게 생각하고 있습니다.

9. 하와이에서 이승만 지우기

한인기독학원 이승만 동상 새똥으로 범벅된 동상

인서트

허상기

홈리스들이 와서 자고 갑니다. 방치된 상태입니다.

나레이션

방치된 이승만의 기록들

코리아 커뮤니티 센터 이승만 관련 사진들

허상기

이승만 대통령이 생전에 우리 민족에게 다시는 제국주의나 공산주의에 휘둘리지 말라고 성경 말씀을 들어서 이 말씀을 새겨 주셨습니다. 제가 읽어봐 드리겠습니다.

"그리스도께서 우리에게 자유를 주셨으니 굳게 서서 다시는 노예의 멍에를 메지 말라. 갈라디아서 5장 1절."

저는 하와이에 있으면서 이 한국에 무슨 일이 있을 때마다 이 말씀이 가슴을 찌르고 마음을 휘저서 잠을 못 잘 때가 많았습니다. 대한민국 정체성을 바로 설 때까지 우리들은 이걸 기억해 나가야 될 거라고 생각합니다. 저기에 보이는 독립기념관이 원래 이승만 기념관으로 썼던 곳입니다. 그런데 지금은 모두 쫓아내서 빈 공간으로 되어 있습니다. 왜 그렇게들, 이 하와이에서 그렇게 그분의 업적과 노고를 폄하하는지 모르겠습니다.

돈을 댄다고 이걸 수리하려고 그러는데 이 교회 분들이 거부해요. (왜요?) 이유를 모르겠어요. "이승만은 우리하고 … 신앙하고 관계없다"라는 핀잔 섞인 젊은 세대들의 말장난에 휘둘렸습니다. 어떻게 대한민국의 건국을 이룩하신 분 앞에서 허가할 사람이 누가 있어요? 참배자들한테 겸손하게 안내를 해야 될 이 기회가 참 담합니다. 그리고 저기에 지금 독립기념관이라고 돼 있는데, 원래 이승만 기념관이었습니다. 그런데 장소를 지금 다 비우게 하고 쫓겨나서 아무도 … 이렇게 텅비어 가지고 홈리스들이 자주 오기도 하고 하는데 이렇게 삭막하게 우리 건국의 기념을 생각해야 될 곳에 아이들조차 놀지 않고 있습니다.

참담합니다. 식민지 아닌 대한민국의 식민지 속에 살고 있는 제 가슴이 막막합니다. 그래서 외치고 싶어요. "대한민국 국민들은 앞을 보고 과거를 보고 다 보건데 이 진실은 왜 보지 않는가?"하고.

노숙자들이 홈리스라고 하면 마약도 하고 그렇게 완전 피폐한 민중들이 와서 누워 자고 쓰레기가 다 널브러져 있고, 이런 사람들이 들어와도 관리가 잘 안 될 때가 많았습니다. 그래서 그걸 지적하니까 여기 꽃도 심고 이렇게 해서 조금 맑아졌는데 이렇게 누군가 매일 와서 좀 지키고, 누가 오시면 여기에 대해 좀 설명할 수 있는 이승만 기념관 조그마한 방이라도 내서 안내를 하면 좋겠는데 그걸 못하게 하는 것이 너무 가슴 아픕니다.

(아니 어떻게 보면 사실 여기는 역사적인 사적지로 지정을 해갖고 정부가 관리하고 지원금을 주면서 이렇게 하는 게, 그렇게 하는 게 옳다고 생각하는데 왜 그게 안 되죠?) 사적지로 등록이 되어 있습니다. 중요한 건 이 교회의 멤버 … 카운슬 멤버 중에 결정하는 사람들이 20여 명 가까이 되는데 그 사람들이 모여서 결정하죠. 결국에는 한국의 간섭을 받기 싫어한다는 그런 뜻입니다. 이 재산의 관리권만 충실히 하겠다는 뜻이겠죠.

생전에 우리 민족에게 자주 말씀해 주신 식민지의 아픔을 새기면서 성경 말씀으로 대신했습니다. 그리스도께서 우리에게 자유를 주셨으니 굳게 서서 다시는 노예의 멍에를 메지 말라. 갈라디아서 제5장 1절. 이 말씀은 지금 우리 한국처럼 이념 갈등에 싸여 있는 현실에서도 당신께서 살아서 6·25를 치르기 전에 공산주의와 대적했듯이 강한 의지를 갖고 우리 국민들은 생각해야 될 때입니다.

이승만 지우기를 왜 하는지 참으로 암담합니다. 그리고 미국에 있는 소속 교회라고 하지만 한국의 이승만 대통령이 돈을 모아서 세우고, 우리 민족의 것이라면 대한민국의 국민과 민족의 것이지 이게 어떻게 그 개인 몇몇 사람의 것이라고 할 수 있겠습니까? 도무지 납득이 가지 않습니다.

인서트
최옥형
근데 우리 교인들이 이승만에 대해서 많이 생각하고 이게 이승만이 세운 교회가 아니냐? 하고 질문을 했을 때 "맞아요, 이승만이 세운 교회가 맞아요, 그치만 숭배하는 거, 우상화할 수 없지 않느냐? 우리는 하나님을 믿는다. 이승만에 올인하지 말아라." 메일이 왔어요. 저하고 뜻이 같은 에리카 최라는 성도가 있어요. 이 성도가 저보다 더 많이 이승만을 사랑하고 아끼고 …, 교인들하고 투쟁을 하다보니까 이번에는 접근금지까지 당했어요.

노인네들도 있어요. 살인자라고 그러는 사람도 있어요. 이 하와이

바닥에 그럴 적마다 한참 생각해서 얼굴을 쳐다보고 설명을 해줘요. 그래서 제가 여기다가 역사를 바로 알자, 그런 차원에서 교육을 하려고 해요. 그래서 이승만에 대해 이야기를 하면 "인터넷을 보세요. 어떻게 나오나, 살인자예요 살인자 …." 이렇게 애기를 해요. 이 세대들이 교육을 받았으면 좋겠는데 방법이 없어요. 저는 방법이 … 이 애들이 이 카운슬 멤버가 완전히 교회를 장악하고 있기 때문에 어느 누구도 교회에 대해 불평을 할 수도 없고 교회가 그냥 굴러가는 거예요.

먼저 양목사님이 퇴출당하고 성도들이 45명이 나갔어요. 근데 저만 안 나갔어요. 그 이유는 이승만이 세운 교회인데 지켜야죠. 지켜야지 …. 그 교회에서는 (아주 그냥) 저를 이승만 밖에 모르는 사람으로 알아.

인서트
이승만을 지우려고 한다.

양목사 사모
그냥 그 이승만 동상이 예를 들면, "왜 저기에 있냐, 저거를 먼저 부셔야 한다." 그 말에 저는 많이 충격을 받았구요. 그 다음 "저 뒤 뮤지엄도 클로즈해야(닫아야) 된다. 저런 거 세워서는 안 된다. 저거 클로즈 빨리 해야 된다. 그냥 교실로 쓰자" 그런말을 들었을 때 좀 안타까웠어요. 왜냐면 이 중요한 교회가 … 워싱턴을 봐도, 워싱턴 모뉴먼트며 미국에 여러 개 뮤지엄을 가지고 있잖아요? 미국은 워싱턴을 굉장히 … 초대 대통령을 정말 우대해주는 그런 나라인데 우리 한국은 그게 없는 거 같아요. 그게 부족해요. 그래서 적어도 이 교회만큼은 그래도 우리가 이승만 대통령을 존경하는 마음 그분의 가르침, 그런것을 우리가 이어받아야 되지 않는가, 이 교회만큼은 이승만 대통령의 정신이 철저해야 되지 않는가 그런 생각이었는데 그렇지 않아 제 마음이 많이 안타까웠어요.

제가 그런 말을 들었어요. "내가 세워 놓은 동상을 왜 부술라 그러십니까?" 내가 물었어요. 그랬더니 "교회에 저런 게 있어서는 안 된다. 왜 우상을 섬기느냐?" 그래서 제가 "저건 우상이 아니다. 디스 이즈 어 랜드마크 오브 코리아(This is a landmark of Korea) 그렇기 때문에 …." 이승만 대통령이 교회마다 있는 건 아니잖아요? 그렇지만 그 교회는 특별하므로 있는 게 아닙니까? 그리고 특별한 분이 그거를 세우셨다는데 그걸 자꾸 부술려는 게 잘 이해가 안 갔어요. 보통 교회면 그거를 둘 수가 없죠. 그치만 이 교회 … 한인기독교회는 특별한 교회이므로 우리 한국사람들이 모두 생각하고 철저하게 다시 그 옛날로 돌아가야 되는 그런 교회에요. 아주 뜻깊은 교회에요. 우리가 그냥 지나갈 교회가 아니에요. 그 어르신들이 김치 담고 뭐 대구포 만들고 해서 돈 조금 벌어가지고 이민온 지 얼마 안 됐는데 참 사탕수수밭에서 고생하고 고생해서 돈모아서 그렇게 독립운동을 했는데 그 교회에서 시작된 거란 말이에요? 그러면 그거를 우리가 이어받고 그 정신을 이어받고 더욱더 하나님을 섬기고 더욱더 하나님께 감사하면서 한국을 바라보면서 기도하게 되는 그런 교회가 돼야 하는데 그렇지 못한 것에 대해 저는 굉장히 안타까웠어요.

양효직 목사 교회 새벽 기도 시간

에리카 최

그때 일부 제가 들은 것도 있고 또 거기 다니는 성도들한테로부터 들은 얘기에 의하면 "이승만 대통령님은 살인자다" 그리고 또 "이승만 대통령님은 태어나지 말았어야 된다." 또 "교회 마당에 있는 이승만 동상을 그래서 뽑아내야 된다"라고 하는 성도들이 꽤 많은 걸로 제가 알고 있습니다.

인서트

양효직 목사

처음 부임해 왔을 때가 공교롭게도 100주년 기념인 2018년이었습니다. 행사를 위해서 자료들을 모았습니다.

인서트

양목사 사모

저도 100주년을 기념하면서 어떤 분이 저한테 이렇게 얘기했어요. "목사님이 독립투사 자녀분이고 아버님도 또 그런 분인 걸 우리가 일찍 알았으면 여기 이 교회에 초청 안 했다." 그말에 제가 굉장히 놀랐어요. "이게 무슨 말인가?" 제가 그랬어요. 이런 교회에, 이런 중요한 교회에서 독립투사 자녀가 오면 안 되고 이승만 대통령과 관계 있는 분이 오면 안 된다. (목사로?) 그건 누가 생각하고 결정하는 건지 모르지만 무엇인가 잘못되어 있구나 그런 걸 느꼈습니다.

물론 다 그런 건 아니에요. 그 교회에 좋으신 분들은 참 좋으시고 또 이승만 박사님을 굉장히 서포트하시는 분들은 서포트를 하세요. 근데 요즘 말세가 되다보니 그렇겠지만 너무 모르고 함부로 얘기하는 분들이 있어요. 그래서 내가 왜 그렇게 생각하냐 물었어요. 그랬더니 그분들이 다 "살인자다" 이렇게 얘기하더라구요. 그래서 저는 더 놀랐어요. 그래서 사모님은 이승만 대통령에 대해서 "인터넷도 안보세요?" 그렇게 하는데 제가 "전 안 봐요.

인터넷을 안봐서 전 잘 몰라요." 근데 무엇인가 왜곡된 것이 있구나 여기에 대해서 참 아쉽다. 왜 진실을 모를까? 저는 처음에 여기 미국에 왔을 때 열일곱살 때 그 YMCA를 통해서 이승만 대통령 리더십 트레이닝을 받았어요. 잠깐이지만 한 일주일 동안 받으면서 이승만 대통령에 대해 많이 알게 되었고 그러고 난 후 40년 동안 거의 잊어버리고 살았는데 다시 회복시켜 주시면서 하와이 땅에 다시 오게 하시고 이승만에 대해 다시 생각하면서 일하게 한 거에 대해 너무나 감사하게 생각하고 있습니다.

김덕영 감독
이 대통령을 살인자라고 … 카운슬 멤버입니까?

양목사 사모
그렇습니다.

인서트
에드먼드 황
그들은 우리가 그를 숭배한다고 비난했습니다. 그래서 그들은 누군가를 숭배한다는 것이 무엇을 의미하는지, 그리고 그들을 존경한다는 것이 무엇을 의미하는지에 대해 매우 모호한 생각을 가지고 있습니다.

양목사 사모

한 가지만 더 하면 오늘이 19일이잖아요. 오늘이 이승만 대통령이 돌아가신 날인데 제가 갑자기 생각나는 게 있어서 쉐어를 하고 싶은데, 한국에서 이승만 대통령이 돌아가셨다는 소식을 듣고 저희 할머님을 지금 갑자기 생각을 하게 됐어요. 할머님이 하얀 흰 저고리를 입으시고 거리로 나가시는 거를 어린 나이인데 봤어요. 그렇게 통곡을 하면서 우시더라구요. 저희 할머님이 그래서 "할머니 왜그래?" 내가 그랬어요. "우리 건국의 아버지가 돌아가셨다. 우리 대통령님이 돌아가셨다" 그러면서 통곡하는 할머님의 모습이 저는 아직도 생생하게 기억하는데, 우리 조상들은 그랬어요. 우리 조상들은 그렇게 리스펙트(respect)했어요. 존경해서 아버님이라고 불렀어요. 우리 건국 대통령 아버님을 그렇게 소홀하게 하고 왜곡되게 말하면 안 좋다고 생각합니다. 어쨌든 그 정신을 이어받고 우리도 같은 마음으로 한국을 섬겨야 된다고 봅니다. 감사합니다.

하와이 시, 이승만의 날 제정 취소 좌파 단체 명단

김동균

시의회에 제출하면 우리가 그것을 공시하게 되어 있기 때문에 어느 기간 동안 그래서 가기로 하기로 돼 있는데 그 공시해 놓은 기간 동안 좌파들이 그것을 알고서 "이승만의 날을 제정하는 것은 반대한다"는 그런 … 그러니까 반대하는 서한을 보내왔는데 그 좌파들의 이름이, 단체 이름이 무려 251개 정도로 기억하고 있습니다. 그래서 그것을 시외 의원들한테 보내며 반대한다고 해서 저희가 그것은 내용이 진실이 아니고 거짓된, 왜곡된 내용이라고 해서 반박을 하려고 그랬는데요.

그 당시에 저기 한국학 센터에 소장으로 계시는 백태웅 교수한테서 이메일이 저한테도 왔습니다. "이렇게 많은 단체들이 반대를 하는데 그것을 추진하는 것은 어렵지 않겠는가?" 그런 얘기가 있었습니다. 그래서 제가 같이 추진하려고 했던 분들하고 의논해서 "그러면 이번에는 이승만의 날 제정을 상정하는 것을 취하하고 다른 기회를 기다립시다." 그렇게 해서 사실은 취하했는데요. 이건 아주 좌파들이 이승만 대통령을 지우기 위한 아주 나쁜 거짓을 이야기하면서 그 활동을 너무 뻔뻔하게 하고 있다는 그런 생각을 했습니다. '이런 문제들은 굉장히 심각한 문제가 아닌가, 반드시 이것을 바로잡아 주어야 된다'라는 생각을 했습니다.

앤 고바야시
네, 하와이는 다양한 국가에서 온 사람들이 조화롭게 살아가는 곳이었습니다. 우리는 함께 성장하고, 공부하며, 즐겁게 어울리고 서로에 대한 존중을 바탕으로 생활해왔죠. 우리 모두가 서로를 이해하고 존중하는 분위기 속에서 일부 사람들이 이승만에 대해 반대하는 말을 들었을 때 저는 아주 놀랐습니다.

캐롤 후쿠나가
(이승만의 날에 대해 여쭤보고 싶습니다) 하와이에서 이승만 기념일은 특별한 의미가 있습니다. 저와 고바야시 전 의원은 한국 커뮤니티 단체의 요청으로 결의안을 제안했는데요, 그 과정에서 반대

의견이 존재한다는 사실을 알게 되어 크게 놀랐습니다. 반대 여론은 예상보다 훨씬 빠르게 나타났거든요. 결국에는 해당 단체들과 논의한 끝에 하와이 내 여러 집단과 한국 그룹 사이의 불필요한 충돌을 일으키고 싶지 않아 진행하지 않기로 했죠.

인서트
김동균
어느날 갑자기 연락이 와서 이승만의 날 제정을 취소해야 한다고 말했습니다.

캐롤 후쿠나가
단체가 얼마나 많은지 정확한 숫자는 몰랐습니다만, 이승만의 날을 제정하는 데 불만을 토로하는 단체들이 많다는 것을 들었습니다. 하와이에 자리 잡고 있는 한국 단체와 협력하고 화합을 도모하자는 취지에서 그들의 의견을 따르기로 한 거죠.

인서트
일본계 의원들
당황스러웠다.

10. 이승만의 하와이 교육 사업

김동균

옛날에는 여자분들 교육을 잘 안 시키셨는데 이승만 대통령은 "남녀 구분하지 않고 공평하게 교육의 찬스를 줘야 한다"는 그런 모토를 걸고 남녀공학 학교를 세우셨는데 사실은 제가 좀 조사해 보니, 대한민국 한민족의 5000년 역사에 처음으로 남녀공학이었다고 제가 그렇게 들었습니다.

하와이 정경

사탕수수 농장 조선인 노동자

인서트

3·1운동과 우드로 윌슨 대통령과의 인연을 통해서 이승만은 중요한 것을 깨닫는다. 나라의 독립이란 결국 독립의 희망과 의지를 품은, 깨어있는 국민들의 존재가 없이는 불가능할 것이란 사실이었다. 이때부터 이승만은 교육 사업에 전념하기 시작한다. 당시 하와이에는 수천 명의 교포들이 사탕수수 노동자로 입국해 있었다.

한인중앙학원

류석춘

우리나라 페미들한테 물어보세요. 우리나라 여성들 투표권이 언제부터 가지게 됐냐고 물어보면 1948년이라고 그럴 거예요. "그러면 누가 줬는데? 그러면 페미들이 운동해서 받은 거냐?"고 물어보세요. 그럼 대답 못해요. 당연히 이승만 대통령이 선물해 준 거예요. 그런 문제 아무도 생각 못할 때 우리나라 현실에서. 우리나라 그 당시 해방되자마자 여성한테 투표권을 주자는 생각을 우리나라 선각자 되는 사람이 했겠어요?

그런데 이승만 대통령이 그냥 당연한 걸로 해서 밀어붙여 갖고 그냥 하면서 받아들인 거예요. 그런데 나중에 보니까, 스위스보다 빠르고 프랑스보다 빠른 거예요. 그러면 우리나라 페미, 여권주의자들이 "우리나라의 여성의 권한은 이러 저래 해서 이승만 대통령이 자유·보통선거, 그것을 48년에 도입했기 때문에 여성들한테도 참정권이 생겼다"라는 것을 가르쳐야죠. 안 가르쳐요. 그냥 원래 단군 때부터 있었던 것처럼 생각해요. 다 위선이고 가식이죠.

김은구

이승만 대통령께서 쓰신 글이 있어요. '조선에서 가장 불쌍한 것이 계집아이들이다'라고 하시면서 계집아이라는 표현이 지금 보시기에는 비하하는 말처럼 들릴지 모르겠지만, 당시에는 그냥 여자아이들을 얘기하는 일반적인 명칭이었죠. 그렇기 때문에 '이들이 잘 배워야 하고 성장해야 된다'는 이런 취지의 글을 남기셨거든요. 저는 그걸 보면서 사실 울컥했습니다.

나레이션

이승만이 한인 중앙학원 원장에 취임하자마자 19명의 여학생들을 데리고 와서 기숙사에 입학시켰다. 이로써 남학생과 여학생이 함께 공부하게 되었다. 남녀공학은 '남녀 7세 부동석'이라는 유교적 개념에 깊이 물든 한국인들에게는 급진적인 조치였다.

앤 고바야시

우리 젊은이들, 남녀 모두를 교육하는 데 기여한 것 때문에 그분은 항상 화제의 중심이었습니다. 때로는 여성들이 소외되거나 올바른 기회를 얻지 못하는 과정도 있었지만, 이승만은 항상 모두를 위한 교육을 강조했습니다.

인서트

당시 여학생을 학교에 받아들인 것은 파격적인 조치였습니다. 여자들이 공부를 한다는 것은 상상도 할 수 없었으니까요.

류석춘

당시 교통이 쉬운 것도 아니고 다른 섬을 이승만이 배를 타고 돌아다니면서 농장주들을 만나서 "너 이 농장에서 일하느라고 고생이 많지? 그런데 너 지금 너 자식 교육을 안 시키면 발전이 없게 되니까 … 자식이 하와이 호놀룰루까지 왔다갔다 하기 힘드니까 아예 내가 기술학교를 만들테니 거기 보내라, 그리고 돈도 크게 안 받고 내가 하여튼 최소한의 비용으로 당신 자식을 교육시킬 테니까 여자라고 차별하지 말고 보내라." 설득을 해 가지고 기숙학교를 시작해요. 정말 눈물겨운 이야기에요. 그거 보면. 그런데 그것을 좌익들은 이승만 대통령이 한 건 하나에서부터 열까지 다 비틀어 가지고 나쁜 일, 뭔가 저의가 나쁜 사람이 한 걸로 만들고 있는데, 그렇지 않습니다.

이승만 대통령이 정말 하와이 같은 데 가서 그 어려운 농장 생활하는 사람들을 설득해서 집 자식들, 특히 여학생, 딸자식을 교육시켜야 된다는 이야기하는 걸 보면 정말 눈물 없이는 못 볼 그런 감동적인 얘기입니다.

인서트

이승만의 교육혁명은 그렇게 시작된 것입니다. 양반과 노비의 구분이 없는 평등한 세상, 애초부터 이승만은 기독교 정신에 입각해서 인간은 누구나 평등하게 태어났다는 신념이 있었습니다. 여기에 더해 남자와 여자의 구분도 없어져야 한다고 믿었습니다.

나레이션

남녀공학 제도는 한국 교육사에서 획기적인 사건이었다. 이승만은 민주주의를 위해선 반드시 수반되는 세 가지가 있어야 한다고 주장했다. 이해의 기틀을 마련하는 교육, 의무감을 고양시키는 윤리적 종교, 그리고 목표 달성을 위한 행동이었다. 이들 세 가지 중 어느 하나라도 빠지면 민주주의는 제대로 작동하지 않는다고 여겼다.

인서트

1948년 대한민국에서 첫 번째 국회의원 선거가 실시 될 때, 여성에게도 참정권이 주어졌습니다. 미국이 1965년까지 흑인에 대해 투표권을 거부하고, 프랑스에서도 1944년에 비로소 여성에게 투표권이 부여된 것을 봐도 당시 조치들이 얼마나 앞선 것인지 짐작을 할 수 있을 것입니다.

11. 왜 외교노선인가?

일본 관동군, 전투

나레이션

임시정부의 대통령이 된 이승만이 선택한 독립운동 방법은 외교 노선이었다. 그는 "대한제국이 주변국에 의해 자주권을 침해받게 된 원인은 자주적인 외교를 하지 못했기 때문이다. 강대국 사이에서 약한 나라가 생존하기 위해서는 외교가 매우 중요하다"고 일찌감치 간파했다.

인서트

무장투쟁론에는 한계가 많았다. 1920년대 이미 일본은 세계 3대 군사강국이었다. 전성기에 700만에 이르는 강력한 군대를 거느린 일본을 무력으로 물리친다는 것은 사실상 불가능했다. 설령 독립군이 일본군에게 타격을 입힌다고 해도, 우리 민족이 받아야 할 보복은 참혹했다.

무장 투쟁론 vs 외교론

나레이션

무장투쟁을 중심으로 한 독립운동은 당시 미국의 중립법과 충돌할 수밖에 없었다. 1818년 제정된 미국의 중립법에는 '미국과 평화 관계에 있는 외국 군주의 영토나 지배자를 목표로 그곳에서 수행하려는 어떠한 군사적 원정을 계획하거나 착수하거나 그 수단을 제공하는 자는 유죄'로 규정했다. 다민족 국가인 미국은 각 민족의 내분이나 대외투쟁을 위한 무장기지를 허용할 수 없다는 강경한 입장이었다. 무장투쟁론은 자칫 한인사회를 곤경에 빠뜨릴 수 있었다.

인서트

강대국의 힘을 이용해서 독립을 쟁취한다는 외교노선은 당시 식민지 국가들의 공통적인 독립운동 방식이기도 했다. 이승만에게 친미 외교 노선은 선택의 문제가 아니었다. 그것은 독립운동의 유일한 길이자 마지막 보루였다.

12. 상해 임시정부와의 대립

나레이션

상해 임정에서는 이승만의 독립운동 노선과 끊임없이 대립했고 갈등이 끊이지 않았다. 이런 갈등은 이데올로기 대립을 배경으로 하고 있었다. 상당수 독립운동가들 사이에서는 공산주의가 유행이 되고 있었다.

인서트

1919년에서 1920년 사이 당시 임시 정부 내에서는 파리 강화 회의와 국제연맹을 통해 한국의 독립을 기대할 수 없다고 판단한 임시정부 내 상당수 독립운동가들은 볼셰비키의 지원을 받기 위해 경쟁적으로 움직이기 시작했다.

당시 임시정부 전권대사 자격으로 모스크바를 방문한 이동휘, 김립 등은 고려공산당 지원 등을 요구하며 레닌으로부터 200만 루블의 지원을 약속받았다. 금화로 40만 루블, 한화로 900억 원에 해당되는 상당한 돈이었다. 그러나 실제로 상해 임시정부로 돈은 들어오지 않았다.

자금의 유용을 의심받자 이동휘 국무총리는 사임을 통보하고 임시정부 파괴 공작에 나섰다. 1922년 1월 모스크바 극동민족대회에는 김규식 등 52명의 임시정부 독립운동가들이 참가했다. 그곳에서 김규식은 "공산주의 인터내셔널 만세"를 외쳤다.

반공 독립 노선

나레이션

이승만의 반공노선은 임시정부에서 파문을 일으켰다. 임시정부 내에 공산주의자들이 있었고, 그들은 소련의 지원을 받았기 때문이다. 이들과 이동휘, 김립 등 상해의 공산혁명 간부들은 1920년 9월 15일 한인 공산당을 조직했다. 1920년 임시정부에서는 대통령 이승만과 국무총리 이동휘의 정면 대결이 벌어졌다. 이승만은 소련과의 협력은 조국을 공산주의자의 노예로 만들자는 것이라며 끝까지 물러서지 않았다. 그의 일생을 특징지은 강력한 반공주의의 시작이었다.

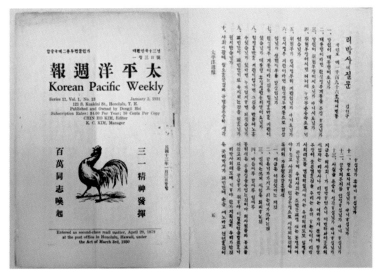

공산주의 당부당

김은구

'재산을 나눠 가지자'라는 것은 가난을 결과적으로 나눠 가지게 되는 것이고, 그리고 '자본가를 없애자'라고 하는 것은 혁신이 사라진다. 그리고 또 '지식 계급을 없애자'는 것은 모든 사람들이 결국에는 우매하게 되는 길이다. 그리고 또 '종교를 혁파하자,' '종교를 없애자'라고 하는 것은 도덕을 없애는 일이다.

그리고 또 '국가를 없애고 정부를 없애고 소련을 따르자'라고 하는 것은 결국엔 '소련에 잡아먹히는 길이 된다'라고 간명하게 공산주의의 위험성과 본질에 대해서 파악을 하셨는데 이것이 어떻게 가능했을까요? 저는 기독교 세계관에 바탕을 둔, 깊이 있는 사유를 통해서 이런 결론을 자연스럽게 도출하셨다고 이해를 합니다.

'모든 부자의 돈을 합하여다가 나누어 가지게 살게 하면 부자의 노릇하는 폐단은 막히려니와 재정가(기업가)들의 경쟁이 없어지면 상업과 공업이 발달되기 어려우니, 사람의 지혜가 막히고 모든 기기묘묘한 기계와 연장이 다 스스로 폐기되어, 지금에 이용후생하는 모든 물건이 다 더는 진보되지 못하며, 물질적 개명이 중지될 것이다.'

인서트

그런데 독립운동과 건국의 시기에 시대의 유행은 반공이 아닌, 좌우합작이었다. 2차 대전의 연합국들은 일본, 이탈리아, 독일이라는 공동의 적과 싸우기 위해서 좌우합작 형태의 전쟁을 진행했다. 중국에서도 일본에 대항해서 국민당과 공산당의 연합(국공합작)이 이루어졌다.

나레이션

이승만은 김구에게 공산당과 손을 잡으면 관계를 끊어버리겠다는 강경한 경고를 보냈다. 하지만 김구가 임시정부를 유지하기 위해선 자금이 필요했고, 자금을 제공하는 중국의 압력을 물리치기는 어려웠다. 결국 김구는 김원봉 등 공산주의자와 제휴했다.

보스윅과의 만남

이승만 얼굴
"망명 정부가 대통령으로 인정하는 사람은 오직 이승만이다."

나레이션

한편 3·1운동 이후 국내외 여러 곳에 임시정부가 세워졌다. 그중
에서 정부의 요인 명단을 발표한 것은 6곳이었다. 이승만은 6곳
모두 최고위급 각료로 이름을 올렸다. 45세 전후에 그의 카리스

마는 전 민족적으로 퍼져있었음을 확인할 수 있다.

1920년 상해로 밀항 | 장의사 보스윅의 도움을 받음

김동균

저도 책에서 읽고 또 그걸 잘 아시는 분한테 들었는데요. 이승만 대통령이 상해 임시정부 대통령으로 추대, 어떤 분은 또 국무총리라는 분도 있는데 대통령으로 추대를 받아서 거기에서 임시정부 수립이 되는데 그쪽으로 오시라 하는 그런 초대가 왔는데 그때 당시에는 이승만 대통령이 일본 정부에 의해 현상금이 30만 불이 걸려 있었던 그런 시기였는데요. 그럼에도 불구하고 이승만 대통령께서 거기에 가시기를 원해서 자기 친구라는 분하고 의논을 했는데 그분이 마침 그 장의소 보수익(보스윅)이라고 … 그 장의소를 운영하셨던 분인데 그 친구분이 제안을 하기를 "내가 좋은 아

이디어가 하나 있다." 그래서 뭐냐 했더니 결국은 옛날에 중국에서 사탕수수밭 농장의 노동 이민으로 왔던 사람들이 여기서 돌아가시면 그때 당시에는 중국분들은 다 그 시체를 본국으로 가져갔던 그런 습관이 있었답니다. 그래서 많이 도움을 줬던 장의소 주인이, 그러면 이승만 대통령 당신이 그 관 … 관에 들어가 배를 타고 가서 상해로 가게끔 그렇게 하면 가능성이 있다. 그렇게 얘기를 했을 때 이승만 대통령이 그거를 승낙하시고 실제로 시체들을 운반하는 그런 배에, 그 시체들의 관과 함께 그 관에 몸을 숨겨 상해에 무사히 도착하셨다는 일화를 듣고서 생명을 걸고 하시는 '참 애국자이시고 참 너무나도 훌륭하신 이승만 대통령이다.' 그런 생각을 하게 됐습니다.

김노디와의 관계

데이빗 필즈

1920년대에 이승만과 김노디 여사과 관련하여 선정적인 루머가 있어서 미국 당국이 조사하기도 했었는데요. 미국 당국은 이승만의 정치적 정적들이 조작한 루머로 판단했습니다. 증거가 없었거든요. 이승만이 이러한 루머로 인해 기소되거나 미국 사법부에 소환된 적이 없었습니다. 따라서 이런 주장에 대한 근거가 매우 약하다고 볼 수 있어요. 그런 주장을 뒷받침할 역사적 자료도 없습니다.

1920년 하와이 이민국 이승만 조사 무고

류석춘

그 만법이라는 게 있었던 건 사실인데 그게 뭐냐 하면, 뭐 '젊은 여자와 나이 들은 남자가 같이 여행을 하면 안 된다'라는 청교도 적인 법인데 이승만과 김로디는 우연히, 아니, 이승만과 김로디는 시카고에서 미국 서해안으로 가는 기차를 같이 타는데 우연히 같이 탑니다. 그래서 타는 좌석이 달라요. 그러니까 그 밀월여행을 한 거면 당연히 옆자리에 이렇게 앉는데 좌석이 달라가지고 … 좌석이 다른 게 미국 경찰의 수사기록에 다 나옵니다.

「백년 전쟁」이라는 영상에는 이승만 대통령이 마치 미국 그 수사 당국에 잡혀 와서 머그샷이 찍힌 것처럼 조작을 했는데 머그샷이라는 게 범죄자들의 인물을 기록하기 위해서, 그리고 현상수배할 때 써먹기 위해서 수사 과정에서 찍는 범죄인 사진인데 그걸 멀쩡한 사진에서 떼워왔어요. 이승만 대통령이 하와이에서 대한인 부인 구제회라는 회원들하고 김환란 이런 분들 자택 앞에서 기념사진 찍은 것을 잘라 가지고 이승만 머그샷을 만든 거예요. 참 악질입니다. 정말. 김로디 사진은 1921년인가 미국 워싱턴 DC의 구미위원부 … 무슨 연초에 구미위원부 사람들이 모여서 새로 올해를 좀 잘해보자 하면서 기념으로 하나 찍은 사진인데 거기 이승만 대통령하고 같이 나와요. 앞뒤 줄에. 그런데 거기서 이승만 대통령은 안 떼어냅니다. 김로디만 떼어내고 이승만 대통령은 나중에 한 10년쯤 후에 사진 … 하와이에서 찍은 사진을 떼어내서 두 사람이 마치 같이 범죄인 사진을 찍은 것처럼 합성을 해 가지고 아주 악질적으로 정말 그런 거 보면, 난 그걸 왜 법적인 조치가 안 되는지 이해가 안 돼요. 그건 사실 사자 명예훼손으로 당해야 됩니다.

요동치는 세계 정세, 일본군 아시아 진출

1931년 만주사변

나레이션

1930년대 후반기로 갈수록 세계 정세는 요동쳤다. 특히 동아시아에서 일본군의 진군을 막을 수 있는 세력은 없었다. 1931년 만주사변에서 시작해서 1937년 중일전쟁이 일어나기까지 만주와 중국 일대에서 일본군의 위세는 대단했다. 한반도는 이미 일본의 텃밭이었다.

인서트

2차 대전이 일어날 조짐이 보이기 시작했다. 나치 독일의 히틀러는 1938년 오스트리아를, 이듬해 체코슬로바키아를 합병시켰다. 전 세계 곳곳에서 서서히 전운이 감돌고 있었다.

나레이션

전쟁 발발을 예감한 이승만은 1939년 4월 활동 무대를 하와이에서 워싱턴으로 옮겼다. 그가 삼십 년 넘게 듣는 이 없는 가운데 홀로 외친, 미국과 일본의 대결이 다가오는 것을 느꼈다. 이승만은 일본의 정체를 밝히는 책, 『일본의 가면을 벗긴다(JAPAN INSIDE OUT)』를 썼다. 이 책에서 전쟁이 다가오고 있다는 것을 알렸다.

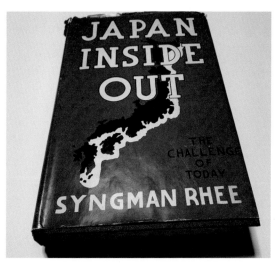

『JAPAN INSIDE OUT』

"멈추지 않고 계속되는, 불가항력적인 전쟁의 수레바퀴는 앞으로 움직이고 있고, 그 전쟁의 수레가 지나가는 자국 뒤에는 문명과 인도주의의 파괴만이 있을 뿐이다. 그것은 또한 엄청난 파괴력을 내포한 채 우리 곁에 다가오고 있다."

"너무 커다란 역사적인 아이러니는 일본이 자신으로 하여금 좁디좁은 섬나라의 껍데기를 벗겨내고 근대화된 문명세계로 자신들을 안내해 준, 바로 그 나라를 향하여 총부리를 겨누고 있다는 사실이다."

"분명히 단언하건대, 우리가 감히 예상하고 또 희구하고 있는 것보다 더 일찍, 세계의 자유민주주의 세력들이 일본인을 그들의 섬나라에 다시 잡아넣을 것이며 평화는 찾아올 것이다. 그때에 우리한국은 전 세계의 자유 국가들과 어깨를 나란히 하게 되고, 또 다시 고요한 아침의 나라로 세계 앞에 당당히 서게 될 것이다."

인서트
『일본의 가면을 벗긴다』가 출판된 때는 1941년 여름이었다. 그런데 그해가 끝나가던 12월, 책은 갑자기 날개 돋친 듯 팔려나갔다. 미국 내 서점에서 매진되었고 영국에서도 출판되었다. 12월 7일에 이승만의 예언대로 일본이 진주만을 공격함으로써 태평양전쟁이 발발했기 때문이었다.

김은구

그 당시 조선에서 국제정세를 그만큼 이해할 수 있는 사람이 없었습니다. 『일본의 가면을 벗긴다』만 지금 보더라도 시대 분석이나 그 당시 국제정치 지형에 대한 분석이 상당히 예리하세요. 지금 읽어봐도 전혀 뒤처지지 않습니다. 그러니까 그런 수준의 준비가 되셨던 분은 찾아보기가 어렵습니다.

이승만의 예언

'일본의 침략은 아세아에 그치지 않고 몇 해 안에 태평양의 여러 섬들을 침략할 것이며, 미국의 동양 근거지인 진주만에 폭격을 하게 될 것이다.'

1941년 12월 7일, 진주만 공습

나레이션

일본과의 전쟁이 시작되자 이승만은 예언자라는 별명을 얻었다. 그 전까지 그는 미국 국무부에 '독립에 미친 늙은이'로 알려져 있었다. 그의 책이 출간되고 전쟁이 터지면서 특히 미 군부는 이승만을 호의적으로 보게 되었다.

인서트

미국 정객들은 이런 예언을 평하여, '저 이승만 박사는 마치 성서의 선지자와 같은 눈을 갖고 있다'며 놀랐다.

나레이션

프랭클린 루스벨트는 12월 7일을 영원한 치욕의 날이라고 불렀다. 그것은 미국이 수십 년에 걸친 이승만의 충고를 무시한 대가였다. 도대체 그는 어떻게 세계 정세를 예견할 수 있었을까?

데이빗 필즈

안락하게 살지도 않았어요. 1930년대에는 미국에서 여행하는 것이 매우 힘들고 어려웠는데 이승만은 매년 수천 마일을 돌아다녔습니다.

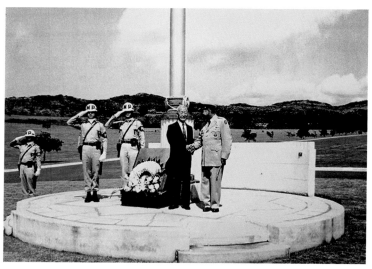

국립태평양기념묘지

데이빗 필즈

특히 1952년과 1954년에는 이승만이 너무 강경하게 요구해서 미국 정책결정자들은 이승만을 권력에서 배제하는 것을 진지하게 고려했습니다. 물론 그렇게 하지 않았지만요. 이승만을 대체할 정도로 정당성을 가진 다른 한국 지도자가 없다고 생각했기 때문이죠. 뿐만 아니라 이승만은 미국에서 광범위한 지지를 받고 있었기 때문에 그를 다른 사람으로 교체할 경우 미국 내부의 반발이 있을 것을 우려했습니다.

나레이션

1900년대 한국인 중에서 이승만처럼 세계 곳곳을 여행한 사람은 없었다. 그의 탁월한 식견은 바로 이런 세계를 여행하면서 얻어진 것이었다.

류석춘

우리보다 1세기 이상 앞선 분인데 지금 우리보다 훨씬 더 열심히 돌아다니면서 문물을, 견문을 넓혔구나 하는 거를 보여주니까 젊은 사람들이 이승만 대통령의 행적을 이해하는 데 굉장히 도움이 될 것 같아요.

세계가 어떻게 돌아가고 있느냐에 이승만 대통령은 언론인으로서 그때부터 무지 관심을 가졌고 또 미국에 가서는 독립운동을 하면서 그래서 생계의 방편이기도 했지만, 또 여기저기 다니면서 교포들을 만나고 하면서 미국 교회 … 다양한 교회에 가서 교인들을 상대로 "한국의 독립이 필요한데 여러분들의 도움이 필요합니다"라는 연설을 하면서 미국의 온갖 군대를 다녀서 미국 사회를 누구보다 잘 알았고 또 미국의 독립정신이나 건국의 아버지들에 관한 행적은 배재학당에서부터 선교사를 통해서 공부했고 … 해서 말하자면, 세계가 어떻게 돌아가는지를 가장 민감하게 받아들인 분이고 그게 지금 나중에 『일본의 가면을 벗긴다』로 일본이란 나라가 지금 세계 정세에서 어떤 국면에 처해 있어서 곧 도발을 할 거다, 도발을 하면 결국 질 거다, 지면 우리가 해방이 된다라는 얘기까지 내다볼 수 있었던 안목은 … 다 말하자면, 글로벌한 시각을 가진 이승만 대통령의 노력이 한 30년 누적이 되면서 나온 겁니다.

13. 1945년 해방과 좌우익의 대립

얄타회담

나레이션

미국은 해방이 되는 그날까지 우리의 임시 정부 승인을 거부했다. 거기에는 복합적인 이유가 있었다. 첫째는 영국을 비롯한 우방과의 관계 때문이다. 미국의 주요 동맹국인 영국이 인도를 포함한 여러 나라에 식민지를 가지고 있었다. 따라서 한국의 임시정부를 승인하면 아시아의 다른 나라에도 영향을 끼칠 수 있었다. 미국에 임시정부 승인의 문제는 한국에 대한 문제인 동시에 국제적인 문제였다. 당시 미국이 관여하고 있는 유럽의 망명정부는 무려 8개였다. 그중에서 어느 곳은 승인하고 어느 곳은 승인하지 않으면 거센 반발을 받아야 했다. 따라서 미국은 모든 망명정권에 통용되는 일반 원칙을 세웠다. 그것은 국가와 정부의 건설에 앞서 국민투표가 있어야 한다는 루스벨트의 원칙이었다. 망명정부가 아무리 많은 사람들의 지지를 받고 있더라도 국민투표가 있기 전에는 연합국이 이를 승인해서는 안 된다고 보았다.

인서트

미국은 전쟁의 피해를 최소화하기 위해 일본과의 싸움에 소련을 절실히 끌어들이려 했다. 그리고 소련이 참전한 대가로 영토를 확장하는 것을 피할 수 없는 일로 간주하고 있었다. 결국 미국 정부는 일본이 패배한 뒤 소련이 한반도를 장악하는 것 역시 불가피한 일로 보고 있었다.

나레이션

바로 이점을 이승만은 간파하고 있었다. 미국이 자기네들의 전쟁 편의를 위해서 한국을 별 생각 없이 소련에게 넘겨주는 것은 아닌지, 혹시 한국도 모르는 사이에 이미 미국과 소련 사이에 협상이 오간 것은 아닌지, 이승만은 극도로 불안해하며 염려했다.

인서트

그건 이미 과거에 미국을 상대하면서 얻은 교훈이기도 했다. 강대국 사이에 자신의 조국이 홍정 대상이 되는 것을 참을 수 없었다. 이승만의 불안과 염려는 공격적인 행동으로 표출됐다. 끊임없이 따지고 항의하는 여러 가지 행동에 미국은 고개를 절레절레 흔들었다. 그것은 시작에 불과했다. 이승만을 가장 괴롭힌 것은 미국 국무부였다. 그런 이승만을 두고 미국의 앞잡이라고 매도하는 사람들은 얼마나 어리석은가. 어이없을 만큼 지나친 왜곡이다.

티벳 망명 정부

송재윤

이 티벳 사람들이 아직도 극단적인 선택을 하면서 투쟁을 이어가고 있습니다. 과연 이들이 왜 투쟁을 하는지 보면 … 그 염원을 한마디로 요약을 해서 얘기를 하면, 바로 자유와 독립입니다. 그리고 티벳의 고유 문화를 지키려는 아주 자발적인 노력이라고 할 수가 있고요. 그리고 이 사람들이 종교적으로 어떤 불교 이념에 기울어 있기 때문에 그 불교 이념에서 허락하는 자기희생을 현실에서 실현하려는 그런 과정이라고 볼 수가 있습니다. 그렇기 때문에 우리가 티벳을 통해 보면 어떤 약소한 나라가 자기 독립을 잃어버렸을 때 그 이후에 후손들이 어떤 상태로 전락할 수 있는지를 보여주는 중요한 예라고 할 수 있습니다.

나레이션
오늘날 티벳의 모습은 과거 우리의 모습을 떠올리게 한다.

분신

인서트

망명 정부 대표

인서트

송재윤

우리가 2차 대전 이후에 독립한 신생 국가들 중에서 대한민국 같은 성공 사례는 아직까지 없습니다. 바로 그점에서 한국의 성공 사례는 비단 한국 사람들뿐 아니라 전 세계 경제학자들, 사회학자들, 정치학자들에게 매우 중요한 사례로서 연구되고 있죠.

1945년 8월 일본의 패망

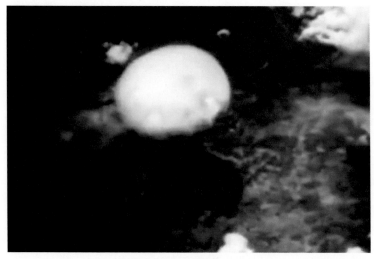

히로시마 원폭, 일본 항복 선언

나레이션

1945년 8월 6일과 9일, 히로시마와 나가사키에 원자폭탄이 떨어졌다. 그리고 바로 그날 소련군은 일본과의 전쟁을 개시했다. 일본이 항복을 결정하고 미국에 통보한 바로 그날, 소련군이 참전을 시작한 것이다.

인서트

천황제의 존속 여부를 놓고 미국과 일본이 줄다리기를 하던 시간, 소련이 만주로 쳐내려왔고 한반도 북부까지 진군했다. 그대로 내버려두면 소련이 한반도 전체를 장악할 수도 있는 상황이었다. 다급해진 미국은 한반도를 둘로 나눠서 미국과 소련이 일본군의 무장해제를 진행하기로 합의한다. 그 업무 분단선이 북위 38도선이었다.

소련 붉은 군대 북한 점령

나레이션

북한을 점령한 소련의 붉은 군대는 다음과 같은 성명서를 발표
했다.

소련군

"조선은 자유국이 되었다. … 왜놈들이 고대광실에서 호의호식하
며 조선 사람들을 멸시하며 조선의 풍속과 문화를 모욕한 것을
당신들이 잘 안다. 이러한 노예적 과거는 다시 돌아오지 않을 것이
다 …. 조선 사람들이여 기억하라! 행복은 당신들의 수중에 있다.
당신들은 자유와 독립을 찾았다. 이제 모든 것은 죄다 당신들에
게 달렸다 …. 붉은 군대는 조선 인민이 자유롭게 창작한 노력에
착수할 만한 모든 조건을 주었다. 해방된 조선 인민 만세!"

나레이션

대한민국 좌파 역사학자들은 이 성명서를 사실로 간주하여 현재
도 소련이 점령군이 아니라 해방군이라고 가르치고 있다. 목적을
위해서는 수단과 방법을 가리지 않는 공산주의자들에게 성명서
나 선언은 자신들의 목적을 위해서 얼마든지 바뀔 수도 있는 수
단에 불과했다.

인서트

*당시 소련은 혁명과 숙청, 세계 대전으로 말미암아 피폐할 대로 피
폐해진 형편이었다. 소련군은 식량 보급조차 어려웠다. 따라서 붉
은 군대의 유지와 전후 복구를 위해서는 약탈이 필요했다. 소련
은 세계 대전을 통해 획득한 모든 점령지에서 전쟁 배상금 명목
으로 약탈을 일삼았다. 북한도 예외는 아니었다.*

나레이션

붉은 군대 사령부는 패전국 일본인 소유의 재산을 전쟁 배상금
명목으로 거두어갔다. 풍작이었던 1945년에는 양곡을 거두어들였
다. 세계적인 규모였던 압록강 수풍 발전소의 독일제 발전기 5대,
흥남 비료 공장의 일부 시설, 대유동 광산의 금석, 철산 광산의
모나즈 광석도 소련으로 실어날랐다. 원래 미국과 소련의 합의는
38도선을 경계로 서로의 역할을 분담하는 것이었다. 하지만 소련
은 38선을 넘어 개성까지 점령했다. 미국이 상륙하자, 개성에서 철

수하면서 다량의 인삼과 은행에 보관된 현금을 모두 가져갔다. 해
방군이 아니라 은행털이었고 강도였다.

인서트

소련은 곧장 38선 이남과 이북 간의 인적 왕래, 물적 교류, 통신
을 모두 차단했다. 8월 24일과 25일 남북 간 연결 철도(경원선과 경
의선)를 차단했고, 38선 지역에 경비부대를 배치하여 남북간 도로
통행을 통제했다. 9월 6일에는 38선 이남의 지역과의 전화, 전보
통신을 차단하고 우편물 교환을 금지시켰다. 소련군은 38선 경
계 초소를 지키는 병력을 증강시켜 38선을 넘는 남북한 간의 통
행 통제를 강화했다. 12월 중순에 이르면 38선은 마치 적대국 간
의 국경선처럼 되었다. 업무 분담선이었던 38선을 민족 분단선으
로 만들 자들이 소련군이었다.

준비되지 않은 미군정

미군정 당시 상황

나레이션

안타깝게도 한국은 미국 정부의 구체적이고 자세한 준비 없이 태평양 지구의 미군에 의해 점령된 유일한 주요 지역이었다. 미군정의 총책임자로 선정된 인물은 하지 장군이었다.

인서트

그가 지휘했던 오키나와 주둔 24군단이 남한 접수의 주력 부대로 선정된 것은 오로지 지리적인 접근성 때문이었다. 하지에게 전달된 명령은 '최대한 빨리' 부대를 이동하라는 것이 전부였다. 본국 정부나 도쿄의 맥아더 사령부로부터 아무런 세부적 지침이 없는 상태에서 하지는 많은 정책들을 스스로, 즉흥적으로 입안해야 했다.

나레이션

최악의 직무는 그의 포고령에서 시작되었다. 그것은 실수의 시작이었다.

TO THE PEOPLE OF KOREA

THE ARMED FORCES OF THE UNITED STATES WILL SOON ARRIVE IN KOREA FOR THE PURPOSE OF RECEIVING THE SURRENDER OF THE JAPANESE FORCES, ENFORCING THE TERMS OF SURRENDER, AND INSURING THE ORDERLY ADMINISTRATION AND REHABILITATION OF THE COUNTRY. THESE MISSIONS WILL BE CARRIED OUT WITH A FIRM HAND, BUT WITH A HAND THAT WILL BE GUIDED BY A NATION WHOSE LONG HERITAGE OF DEMOCRACY HAS FOSTERED A KINDLY FEELING FOR PEOPLES LESS FORTUNATE. HOW WELL AND HOW RAPIDLY THESE TASKS ARE CARRIED OUT WILL DEPEND UPON THE KOREANS THEM- SELVES. HASTY AND ILL-ADVISED ACTS ON THE PART OF ITS RESI- DENTS WILL ONLY RESULT IN UNNECESSARY LOSS OF LIFE, DESO- LATION OF YOUR BEAUTIFUL COUNTRY AND DELAY IN ITS REHABILI- TATION. PRESENT CONDITIONS MAY NOT BE AS YOU WOULD LIKE THEM. FOR THE FUTURE OF KOREA, HOWEVER, REMAIN CALM. DO NOT LET YOUR COUNTRY BE TORN ASUNDER BY INTERNAL STRIFE. APPLY YOUR ENERGIES TO PEACEFUL PURSUITS AIMED AT BUILDING UP YOUR COUNTRY FOR THE FUTURE. FULL COMPLIANCE WITH THESE INSTRUCTIONS WILL HASTEN THE REHABILITATION OF KOREA AND SPEED THE DAY WHEN THE KOREANS MAY ONCE AGAIN ENJOY LIFE UNDER A MORE DEMOCRATIC RULE.

JOHN R. HODGE
COMMANDING GENERAL
U.S. ARMY FORCES IN KOREA

미군정 포고문

"조선 인민 제군이여, … 우리는 오늘 남조선 지역에 있는 일본군의 항복을 받았다 …. 우리의 지휘 아래 있는 제군은 연합군 총사령관의 명령에 의하여 장차 발할 우리의 명령을 엄숙히 지켜라. 제군은 평화를 유지하며 정직한 행동을 하여라 … 만약 명령을 아니 지킨다던지 또는 혼란 상태를 일으킨다면 즉시 적당하다고 생각하는 수단을 취하겠노라. 이미 확정된 항복 조건을 이행함에는 현 행정기구를 사용할 필요가 있노라."

인서트

소련군은 자유와 행복, 보호를 약속했지만 미군은 명령을 지키지 않으면 벌을 준다는 고압적인 자세뿐이다. 소련은 일제를 배척하겠다고 말했지만, 미국은 현재의 행정기구를 그대로 사용하겠다고 선포했다.

인서트

하지와 미군정이 얼마나 한국 상황에 무지했고 정치적인 감각이 없었는지를 그대로 보여준다. 일각에서는 성명서만을 그대로 비교하면서, 미군은 점령군이고 소련군은 해방군이라고 주장하기도 한다. 성명서에 쓰여진 말과 실제로 벌어진 현실을 구분하지 못하는 어리석은 행동이다. 하지만 그 빌미를 제공한 것은 미군이었다.

나레이션

트루먼 행정부의 고위 정책 수립가들에게 한국 문제는 여전히 뒷전으로 밀려 있었다. 한국에 대한 무관심은 여러 면에서 확인된다.

인서트

당시 남한은 '미군 보급품의 종착점'이라고 불렸다. 미군정 당국자들에게 한국은 우선순위 계통에서 맨 끝에 붙어 있다는 뜻이다. 보급품, 정책, 인원 배치 등 모든 면에서 우선 일본인이나 도쿄에서 알맹이를 빼고 겨우 남은 찌꺼기나, 다른 데서 필요하지

않는 것들이 한국으로 왔다. 일본 주둔 미군에 대한 최악의 징계
는 한국 파견이었다.

데이빗 필즈
대한민국은 미국에게 전략적으로 중요하지 않았습니다. 몇 가지
이유가 있습니다. 19세기 한국은 중국과 달리 인구가 많지 않으며
일본과 달리 저개발 국가였어요. 그렇기 때문에 관심이 별로 없었
어요. 1907년 평양 부흥 이전에는 말이지요. 1907년에는 기독교
가 아시아 어느 곳보다 빠르게 성장하기 시작했지요.

2차 세계대전이 끝난 후에 한국의 미래에 대해 다시 논의되고 있
을 때, 이승만이 중요한 역할을 했는데요. 이승만은 미국 지지자
네트워크를 활용하여 미국 정부에 압력을 가했습니다. 중국의 대
한민국 임시정부를 인정하도록 요구함으로써 전쟁이 끝날 때 한
국이 독립될 수 있도록 했습니다.

이 시점에서 이승만은 의회의 지지자들을 동원하고, 1945년 6월
하원과 상원에서 연설을 했는데, 그 과정에서 트루먼 행정부에게
"만약 한국이 소련의 영향권에 놓이게 된다면, 이는 진정한 독립이
아니며, 정치적으로 미국에게 끔찍한 결과가 초래될 것"이라고 경
고했습니다. 트루먼 행정부는 어려운 결정에 직면하게 되었습니다.
전쟁이 끝나면서 이미 소련군이 한반도로 진출하고 있었는데 미국

군대는 최소 8주 이상 되는 거리에 있습니다. 어떻게 해야 할까요? 소련군이 한반도를 점령하는 것을 가만히 지켜보다가 소련에 한국의 독립을 압박하는 게 좋을까요? 현실적으로 할 수 있는 유일한 방안은 한반도의 분할을 제안하는 것이었습니다.

1945년부터 1949년까지 미국은 한반도에 군대를 배치했지만, 미국 정책결정자들은 그렇게 하고 싶지 않았고 한국은 전략적 가치가 없다고 생각했습니다. 그래서 미국의 정책결정자들은 한반도를 우아하게 떠나는 방법을 찾으려고 했습니다. 실제로 그러진 못했지만요. 물론 한반도 통일을 추구하기도 했습니다. 하지만 이는 성공하지 못하고 결국 문제를 유엔에 넘겨버렸습니다. 유엔은 전국 선거를 위한 방안을 제시하였는데 북한에서는 선거를 허용하지 않고 남한에서만 선거를 진행하기로 했습니다.

만약 김일성이 정권을 잡게 된다면 미국 정책결정자들은 그 상황에 함께하길 원치 않았습니다. 소련의 전차들이 38선을 넘고 침공하자, 그들은 돌연 한국이 다른 연합국에게 심리적으로 중요하다는 것을 깨닫게 됩니다. '만약 소련이 38선을 건너는 것을 미국이 방치한다면, 소련이 서부 베를린도 침공하게 되는 것 아닐까?'라고 생각한 거죠.

나레이션

미국 입장에서 한국은 한일합병 때나 해방된 뒤에나 별로 중요하지 않은 지역이었다. 세계에서 제일 가난하고 비참한 나라 중 하나에 관심을 가질 이유가 없었다. 아시아에서는 일본을 미국의 이익을 관철시킬 수 있는 땅으로 만드는 일이 급선무였다. 중국에서 들려오는 공산당의 움직임 또한 심상치 않았다. 그들에게 한국이 대단한 지역임을 설득해서 마침내 한국을 돕고 한국을 위해 싸우게 만드는 일은 거의 실현 가능성이 없는 과제였다. 그렇게 힘든 일을 이승만 혼자서 감당해야 했다.

데이빗 필즈

당시 미군은 북한 사람들에 대해 매우 인종 차별적인 선입견에 빠져, 북한인들이 미국 군복을 보자마자 돌아서 도망갈 정도로 형편없을 것이라고 생각했다고 해요. 하지만 오산 전투를 포함한 몇 차례 전투를 겪으면서 예상과 달리 힘든 전투를 하게 되자 점차 당황하게 됩니다. 더군다나 소련의 전차들을 막을 수 있는 무기도 없었기 때문에 더 난처하게 되었습니다.

공산당 득세기, 해방 공간

데이빗 필즈

1940년대 후반에, 특히 한국전쟁 이후로 주요 지지층이 기독교인보다는 반공주의자로 바뀝니다. 미국인들은 이승만을 작은 국가의 리더로서 공산주의에 맞선 것에 감탄하기도 하고, 이승만이 미국 정부보다 공산주의에 더 단호하게 대항한다고 좋아하기도 했습니다. 미국 정치에서는 이상하리만치 미국 정부를 비판하고 미국 정부가 무능하며, 잘못을 지적하는 것이 인기가 있는데, 이승만도 그렇게 했습니다.

이승만은 미국인들에게 미국 정부가 잘못하고 있으며 공산주의에 강경하게 대응하지 못한다고 얘기합니다. 어떤 미국인들은 이승만의 이러한 행동에 호감을 갖기도 합니다. 미국이 이승만과 같이 공산주의에 대처해야 한다고 생각하기 때문이죠. 저는 이런 관점에 별로 동의하지 않아요. 이승만의 공산주의 대응은 좀 지나친 것 같아요. 만약 미국이 이승만이 원하는 대로 공산주의에 강경하게 대처했다면 2차 세계 대전과 같은 전쟁이 날 수도 있었어요.

이승만의 정치적 판단이 옳지 않았다고 생각하지만 결과적으로 이승만은 미국 내에서 인기가 높았습니다. 이승만은 텍사스주 엘파소의 시민들이 수여하는 상을 받거나, 공산주의라는 골리앗에 맞서는 다윗으로 묘사되기도 했어요. 이로 인해 이승만의 인기는 매우 높았습니다. 하지만 이는 미국의 공산주의에 대한 과잉반응과 일종의 편집증에서 비롯된 것입니다. 이승만은 이러한 상황을 잘 이해하고 있었고 대한민국에 더 많은 지원을 끌어낼 수 있다면 적극 활용해도 된다고 생각했습니다.

당초에 미국은 한국과의 동맹을 원하지 않았습니다. 결코 원치 않았어요. 이승만은 미국이 동맹을 하지 않으면 한국전쟁 중 전쟁포로를 석방하고, 한국전쟁을 재개한다는 위협을 함으로써 미국과의 동맹을 이끌어 냈습니다. 미국 정부의 고위 정책결정자들 중 상당수는 이미 1940년대 후반에 이승만을 매우 싫어했어요. 이승만의 아내인 프란체스카 여사는 1940년대 후반에 미국 국무부의 일부 고위 관리들을 일렬로 세워 사살해야 한다고 적었습니다. 이승만도 동일한 입장이었을 것입니다. 이들의 관계는 논란이 많습니다. 미국 고위 관료는 이승만의 강경함에 화가 났기 때문에 그와 동맹을 맺어주고 싶어 하지 않았습니다. … 이승만은 루스벨트 대통령이 얄타에서 한국을 가지고 소련과 거래를 했다며 매우 화를 냈습니다. 그는 미국이 한반도에 확실히 개입하도록 극도로 극단적인 조치들을 취했습니다.

이승만과 한국전쟁 재개라는 위협이 없었다면 미국과 한국 사이의 동맹은 없었을 것입니다. 저는 확신합니다. 그러나 이미 동맹을 맺은 후에는 미국 정책결정자들이 자신들의 결정을 정당화해야 했으며, 더 이상 '이승만 때문에 어쩔 수 없었다'고 얘기할 수 없게 되었습니다. 그래서 미국의 정책입안자들은 한국이 일본을 방어하는 데 꼭 필요하다고 정당화를 하기 시작합니다. 1953년 이전까지는 그런 주장을 한 적이 없었거니와, 될 수 있는 한 빨리 한반도를 떠나려고 했습니다.

인서트

8·15 해방에서 이승만이 귀국하는 10월 16일까지를 '좌익 득세기'라고 부른다. 해방 공간을 주도한 세력이 좌파였기 때문이었다. 해방과 함께 여운형이 주도한 건국준비위원회(건준)가 발족되었다. 다음날 전국 각지 교도소에서 수천 명의 정치범들이 석방되었다. 풀려난 시국사범들은 건준의 지방 조직을 건설해 나갔다. 순식간에 건준은 162개 지부로 확장되었다.

나레이션

건준이 세력 확장에 박차를 가하던 8월 20일, 박헌영은 서울에서 조선 공산당 재건 위원회를 결성했다. 그리고 건준에 참가해서 조직을 장악해 버렸다.

인서트

좌우연합 조직에 한 파트너로 참가했다가 결국 조직 전체를 차지하는 전형적인 공산당의 수법을 발휘한 것이다. 박헌영이 장악한 건준은 9월 6일 조선인민공화국(인공)을 선포했다. 흥미로운 사실은 공산당이 선포한 인민공화국의 주석으로 미국에서 돌아오지

도 않은 이승만이 추대되었다는 점이다.

나레이션

이것은 이승만을 얼굴마담으로 이용하려는 공산당의 전술이었다. 공산주의자들은 장관에는 국내외의 명망가들을 앞세우고 차관에는 공산주의자들을 포진시켰다. 그럴듯하게 보여 세력을 확장한 다음, 자신들의 뜻대로 정국을 끌고 가려고 했다. 이런 방법은 공산주의자들의 전형적인 수법이었다. 미군정은 인민공화국을 거부했다. 그것은 해방 정국의 한낱 해프닝으로 끝났다. 이승만 역시 인민공화국 주석 제의를 거절했다.

나레이션

1945년 해방 이후부터 1950년 한국전쟁이 일어나기 전까지 북한과 그들의 지령을 받은 남로당 세력, 그리고 사회주의와 공산주의에 경도된 세력들은 끊임없이 대한민국의 정체성을 부정했다. 문제는 그 시기에 공산주의 세력에 맞설 수 있는 세력이 많지 않았다는 점이다. 이런 악조건 속에서 다시 이승만의 위력이 발휘된다. 대한민국의 운명을 건 '건국전쟁'이 본격적으로 시작된 것이다.

송재윤

그 과정에서 대한민국은 진짜 인류 역사에서 보기 드물게 매우 성공적인 사례로 기억될 수 있고요. 그 과정은 구체적으로 매 상황을 우리가 지켜보면 그야말로 긴박하고 절박한 전쟁 과정이었다고 저는 생각을 합니다.

저는 아주 간단하게 설명될 수 있다고 보고 있는데요. 이승만 정권이 1960년에 4·19를 통해서 무너졌지 않습니까? 그러면서 독재정권으로 정립이 되었습니다. 사람들의 마음속에서 이승만 정권은 독재정권이기 때문에 우리 역사에서 지워버려야 될 수치스러운 역사의 일부라고 사람들이 생각을 했죠.

인서트

대한민국을 부정적으로 본 세력들은 우리의 건국으로 분단이 확정되었다고 주장해왔다. "미국의 앞잡이 이승만이 권력을 차지하고자 하는 욕심에 눈이 멀어 민족 분단을 대가로 지불했다"는 말도 안 되는 소리를 해왔다. 소련이 멸망한 다음에는 결정적인 증거들이 제시되었다. 공개된 소련 공산당의 기밀 문서들 가운데 1945년 9월 20일자 스탈린의 지령이 있다. 내용은 한마디로 북한에 친소 정권을 수립하라는 명령이었다.

송재윤

그렇기 때문에 이 의미를 폄훼할 이유가 전혀 없다고 저는 생각을 하는데, 많은 사람들이 이승만 정권이 4·19를 통해서 무너졌다는 그 역사적 실패의 경험만을 강조를 해서 건국이라는 아주 영예로운 수사를 이승만 정권에 부여해서는 안 된다는 그런 식의 강박 관념에 시달리고 있다고 생각합니다. 바로 그런 강박관념을 저는 벗어야 된다고 생각합니다.

많은 사람들이 이승만 대통령이 완전히 실패한 독재자라고 생각하고 있습니다. 제 주변에 많은 사람들의 상식이 되어 있는데요. 제가 보기에 이것은 좀 잘못된 상식이라고 생각을 합니다. 이승만 대통령은 자유민주주의를 건설하기 위해 한평생 노력했던 사람이고 그 다음에 대통령이 되어 10년 넘게 대한민국을 그 길로 이끌고 가기 위해 노력을 했습니다.

나레이션
애초에 스탈린에게는 미군과 협의해서 남북한 통일정부를 수립한다는 생각 자체가 없었다. 훗날 벌어지는 미소 공동회의 같은 것은 모두 쇼에 불과했다. 스탈린의 9월 20일자 지령에 대한 응답으로 12월 25일에 슈킨 총사령관이 보고서를 보냈다.

"스탈린의 9월 20일자 지령문에 따라서 한반도 이북 지역에서 … 소련의 정치, 경제, 군사, 사회적 이익을 … 영구히 지킬 인물들로 구성된 정권을 구축하기까지 … 이런 정권 수립을 위해서 토지개혁, 중앙 집권적 조직을 서둘러 구성해야 한다."

인서트

1945년 9월 20일, 스탈린 극동 전선 총사령관 바실레프스키를 통해 연해주 군관구 군사회의에 암호 지령문을 보냈다.

"북한에 반일적인 민주주의 정당 및 조직의 광범한 블록을 기초로 한 부르주아 민주주의 정권을 확립하라."

냉전의 시작이었다. 스탈린 지령문 속의 민주주의는 우파 민족주의자들과 통일전선을 형성했다가 제거하는 것이 포함되었다. 결국은 공산주의 정권을 수립하라는 지시문이었다. 신탁통치, 미소공동위원회 좌우합작, 남북협상, 이 모든 것은 단지 소련의 위장전선의 결과일 뿐이었다.

김은구

좌우합작이 결국에는 그러니까 공산주의자들의 수단이라는 것을 일찌감치 파악하셨기 때문에 '좌우합작'의 한계를 이해하셨고 그렇기 때문에 방공노선을 지속적으로 유지하셨던 것으로 이해하고 있습니다.

많은 분들이 통일전선전술을 좀 제대로 이해하시면 좋겠다는 생각이 있는데요. 이게 통일전선전술이라는 것이 위장 연대 전술입니다. 공산주의자들이 힘이 약할 때 레닌이 주창한 건데요. 공산주의자들이 힘이 약할 때 자신의 영역을 넓혀가는 방법으로 이용하는 수단인데 시진핑은 이 통일전선전술을 가리켜 2017년도에 공식적으로 이렇게 얘기했는데 …, "통일전선전술은 공산당의 목적을 이룩하게 하는 마법의 지팡이다." 이런 얘기를 했어요.

김일성의 등장

나레이션

스탈린의 지령에 따라 북한의 공산화는 빠른 속도로 진행되었다. 각 정당은 인원 명부를 제출하는 것은 물론 신원 조사도 받았다. 결과적으로 소련군은 당시 북한 지역의 정치 지도자급 인사들의

정치적 성향에서부터 출신 배경까지 샅샅이 파악할 수 있었다. 이
와 같은 자료를 바탕으로 소련은 북한 공산화에 박차를 가했다.

인서트

공산당 독재에 위협을 느낀 기독교인, 지주 계급 등, 당시 100
만 명의 인구가 남하했다. 1948년까지 북한에서 온 인구가 전체
의 10%를 차지할 정도였다.

14. 북한의 공산화

나레이션

2차 대전이 끝난 뒤, 소련이 진군한 지역에는 유사한 공통점이 있다. 먼저 착취자들의 재산을 무산대중에게 돌려준다는 요란한 구호와 함께 토지개혁을 실시한다. 그리고 기존의 공산당과 여타 정당 사이의 합당으로 노동 대중 정당을 출범시킨다. 연립정권이 수립되고 나서 잇달아 의심스러운 사건이 발생한다. 연립정권에 참여한 인물들의 암살, 사고사, 숙청이 이어진다. 의문사가 잇달아 일어난 뒤에 살아서 남아 있는 자들은 소련과 친화적인 공산주의자들뿐이다. 그들은 최종적으로 친소 단일정권을 수립한다. 이때쯤되어 정당의 이름도 공산당으로 바뀐다.

소련의 '공식'은 북한에도 충실히 대입되었다. 처음에는 기독교인 조만식까지도 포함한 연립정부의 형태를 취했다. 그러다가 국내파 공산주의자인 현준혁이 암살당하고 민족주의자 조만식은 연금되어서 생사가 불투명해졌다. 북로당의 김일성과 남로당의 박헌영이 남아있더니, 결국 반대파 박헌영은 숙청되었다. 최종 승자는 소련군 장교 출신 김일성이었다. 좌우합작이니, 연립정부니 하는 것은 친소 독재정권으로 가는 중간 단계들에 불과했다.

해방 정국 속에서 공산주의자들과 스탈린의 흉계를 꿰뚫어 본 사람은 이승만이었다. 하지만 조직력도 재력도 없는 이승만에게는 외로운 싸움이었다.

당시 소련과 공산주의자의 인기는 세계적으로 절정이었다. 2차 대전 중 소련은 2천 만 명의 희생을 치러가면서 나치 히틀러와 싸워 이겼다. 미국의 국무부, 재무부 등에도 평등주의를 내건 공산주의 선전에 매료된 첩자들이 많았다. 이런 상황에서 이승만은 공산당 극렬분자들을 반역자요, 파괴자라고 정확히 규정했다. 소련을 조국으로 생각하는 반역, 파괴, 공산 세력은 국가 건설의 길을 함께 걸어갈 수 없다고 선언했다. 소련에 대해 대결 노선을 천

명한 트루먼 독트린은 그로부터 2년 후였다.

나레이션
12월 26일 모스크바 삼상회의의 결과인 신탁통치안이 발표되었다. 한국인들에게는 자치 능력이 없으므로 강대국들이 5년 기한의 신탁통치를 하겠다는 내용이었다. 그것은 우리 민족에 대한 모독이었다. 화약고 같은 민심에 불을 붙였다. 이승만과 김구가 주도하는 반탁운동이 전국적으로 일어났다.

인서트
공산당도 처음에는 반탁의 흐름에 밀려가는 듯했다. 하지만 박헌영의 조선 공산당은 찬탁인지 반탁인지 태도를 결정하지 못했다. 결국 박헌영은 12월 28일 밤 비밀리에 38선을 넘어 평양으로 갔다. 그곳에서 소련군 민정사령관 로마넨코가 지침을 하달했다. 신탁통치를 결의한 모스크바 협정을 지지하라는 것이었다. 지령을 받은 박헌영은 1946년 1월 2일 서울로 돌아와 신탁통치 지지성명을 발표했다.

류석춘
친일과 인제 친일파 청산과 공산주의와의 투쟁 둘 중에 뭘 먼저 이승만 대통령이 해야 되느냐? 저는 명확하다고 생각해요. 왜냐하면 친일파 청산은 사실 일본이 패배하면서 정해진 일인지라 … 더 이상 우리가 노력을 안 해도 일본은 이미 졌어요. 이미 그리고 일본이 졌기 때문에 일본에 협력한 사람들이 쪼그라 들어가지고 눈치 보는 것은 이미 그 당시 모든 상황이 그렇게 진행이 돼 있는데, 공산주의랑 싸우는 것은 공산주의가 우리를 속이면서 마치 공산주의를 따라가면 지상낙원이 올 것이고 모든 정의, 불의를 다 해소하고 정의를 실현할 것처럼 우리를 속이고 있는데, 이승만 대통령이 그러면 다 죽은 일본하고 싸울 거예요? 새로 올라오는 공산주의하고 싸울 거예요? 당연히 공산주의랑 싸워야죠.

그거보다는 지금 북한에서 남한까지 적화하겠다는 사람들을 꿰뚫어 보고 있는 사람이 이승만 대통령이에요. 그럼 이승만 대통령으로서는 다 죽은 일본에다가 시체에다가 또 칼질하는 것보다 … 우리 친구인 척하면서 해방군이라고 선전하면서 소련이, 공산권이 북소련이 저기 동구에서 했던 거하고 똑같은 짓을 우리한테 하려고 그러는데 우리가 조심하지 않으면 공산권 … 폴란드나 체코슬로바키아가 당하듯이 '우리 당한다'라는 걸 깨달은 사람이 이승만 대통령이에요. 그러면 공산당이랑 싸우는 반공을 하는 게 이승만으로서선 가장 우선적으로 해야 될 일이고 당연히 할 일을 한 건데 지금 와서 이제 딴소리 하는 거죠. 남한 좌파들이.

나레이션

이승만의 판단이 맞다는 것을 공산주의자들이 스스로 입증한 셈이다. 이승만은 용기 있게 진실을 말함으로써 해방정국의 주도권을 장악했다. 하지만 반탁과 신탁의 대결은 쉽게 끝날 기미가 보이지 않았다. 박헌영 등 신탁통치를 받아들여야 한다는 세력들은 본격적으로 반탁 세력에 공격을 시작했다. 그때부터 '친일파'니 '민족반역자'니 하는 소리가 흘러나왔다. 한편 북한에서도 변화가 시작되었다. 그것은 곧 공산주의로 변모하는 것을 의미했다.

데이빗 필즈

뿐만 아니라, 이승만이 일본을 지지한다거나 일본에 과도하게 호의적이었다고 비난하는 것은 잘못된 비판이라고 생각합니다. 제 생각에 이승만의 유일한 정치이념은 한국의 독립이었습니다. 이승만은 한국이 독립하고, 또 통일되기를 바랐어요. 1945년에 한국으로 돌아온 이승만은 한국이 앞으로도 독립을 유지하기 위해 최선의 선택을 해야 했습니다. 이승만은 한국의 경제가 일본 식민지 말기에 파탄 지경이었다는 것을 깨달았어요.

실업률이 높았고, 한국은 두 개의 세력으로 나뉘어져 있었습니다. 매우 어려운 상황이었습니다. 그래서 이승만은 '한국이 앞으로도 독립을 유지하기 위해 어떻게 해야 할지?'를 선택해야 했고, 일본 식민지 당시의 한국인들을 활용하기로 했어요. 이승만은 한국 독립을 위해서라면 뭐든 할 의향이 있었기 때문이예요. 그런 결정에 대해 비판할 수 있겠지만 적어도 일본과 마음이 맞아 내린 결정은 아니었어요.

1946년 2월 북조선 임시 인민위원회 구성

류석춘

북한은 사실은 말은 친일파 처벌, 혹은 반민족 행위자 처벌을 한다고 그러면서 공산주의에 협조한 과거 친일파들은 다 용서했어요. 문제 삼지 않았어요.

인서트

북한의 모든 정당, 사회단체에서 신탁통치 반대자들을 숙청했다. 형식적으로 손잡았던 민족주의자들을 숙청해 버린 후, 1946년 2월 소련은 북조선 임시 인민위원회를 구성했다. 위원장은 김일성, 부위원장은 김두봉이었다.

나레이션

김일성 자신도 임시위원회가 정부임을 인정했다. 그는 1946년 8월 15일, '북조선 임시 인민위원회는 전체 인민의 의사와 이익을 대표하는 북조선의 중앙 주권 기관'이라고 찬양했다. 임시 인민위원회는 토지개혁을 단행했다.

인서트

북한의 토지개혁은 획일적이었다. 농가마다 가족 숫자가 다르고 토지의 비옥도가 다르며 위치에도 차이가 있었다. 그런데 북한에서는 모든 차이점을 무시하고 획일적으로 땅을 나누어 주었다. 토지 수확량을 거두어가는 방법 또한 무지막지했다. 수확고의 25%를 거두어갔는데, 실제 수확량이 아니라 예정 수확량의 25%였다.

나레이션

북한의 토지개혁은 일종의 기만이었다. 무리하게 획일적으로 강행되었고 집단농장으로 가는 단계적 조치에 불과했다. 결국 1958년 집단농장화가 이루어졌다. 모든 토지가 국가 소유가 되고 국민들은 국가의 농노가 되었다. 무상몰수·무상분배를 내걸었지만, 무상분배는 없고 무상몰수만 있었다.

인서트

무조건 무상몰수, 무상분배해서 집단농장화 하니까, 물질적, 정신적 인센티브가 없어져서 생산력이 격감되었다. 그래서 소련, 중국, 북한 등 사회주의 국가에서는 식량 부족 사태가 생기고 토지개혁이 다 실패로 끝났다.

나레이션

북에서는 산업 시설에 대한 국유화도 단행되었다. 1946년 주요 산업 국유화 법령에 따라 전 산업의 90%에 해당되는 1,032개 공장, 기업, 문화 기관이 공산당에 접수되었다. 북한 군대도 임시 인민위원회 산하로 창설되었다. 분단 정권 수립을 위한 스탈린의 지령, 38선의 분단선화, 반공 민족주의자들의 제거, 정권수립, 토지개혁과 국유화에 이르기까지, 소련의 정책은 일관성 있게 속도전으로 추진되었다. 이와 대조적으로 남한에서의 미군정은 이렇다 할 조치를 취하지 못했다. 남한 정국에서는 갈등만 증폭되고 있었다.

인서트

한반도의 전략적 가치는 중국에서 일어나는 상황에 따라 변하는

것이었다. 중국에서는 내전이 치열하게 계속되고 있었고, 그 앞길이 투명하지 않았다. 따라서 1945년 8월부터 1947년 초반까지 미국의 남한 정책은 신탁통치를 실현하기 위한 소련과의 교섭을 계속하면서 중국에서의 사태를 관망하는 'Wait-and-see,' '안개가 개는 것을 기다리는 정책'이었다.

나레이션

신탁통치를 실현하기 위해 미국과 소련은 미소 공동회의를 열었지만 그것은 출발부터 실패가 예정된 회의였다. 이미 소련은 분단을 확정지었고 북한에 강력한 정권을 수립한 뒤였다. 미소회담은 결렬되었고 북한은 공산화에 성공했다. 미국은 1949년 중국 내전의 상황만 지켜보고 있었다. 그냥 그대로 앉아 있다가는 한반도 전체를 공산당에게 내어줄 판이었다. 누군가 움직여서 나라를 구해야 할 때 이승만이 나섰다.

남한 순행과 정읍 발언

김은구

그런데 '정읍 발언'을 보시면 미소공동위원회가 제기될 기미도 보이지 않고 그리고 또 북한에서는 이미 토지개혁이나 이런 것들이 진행이 되고 있기 때문에 '남한이라도 정부를 빨리 만들어야 된다'라는 취지였거든요. 말씀하신 것처럼 북한은 임시 인민위원회가 만들어졌는데 '임시 인민위원회는 우리의 정부다'라는 표지 사진까지 있습니다.

인서트
1946년 4월 15일부터 이승만은 반탁운동을 전국적으로 전개하며 유세에 들어갔다. 그의 연설 주제는 반탁과 반공이었다.

나레이션

이승만의 유세는 남한 전역을 열광시켰다. 영남 유세를 마치고 호남을 방문할 때였다. 이승만에게 미국과 소련의 회담이 결렬되었다는 소식이 들려왔다. 북한에는 공산 정권이 수립되어 한반도 공산화를 착실하게 준비하고 있는데, 남한은 기약도 없이 미국과 소련의 가망성 없는 합의만 기다려야 하는 상황에 처한 것이다. 조국이 위기에 처한 상황을 돌파하기 위해 이승만은 또 한 번의 결정적인 행동을 취했다. 이른바 남한 단독 정부 수립이었다. 1946년 6월 3일, 전라도 정읍 유세에서 이승만은 유명한 발언을 했다.

1946년 6월 3일, 정읍 발언

"이제 우리는 무기 휴회된 공위(미국 소련 공동위원회)가 재개될 기색도 보이지 않으며 통일정부를 고대하나 여의케 되지 않으니, 우리는 남방만이라도 임시정부 혹은 위원회 같은 것을 조직하여 38 이북에서 소련이 철퇴하도록 세계 공론에 호소하여야 할 것이니 여러분도 결심하여야 될 것이다."

나레이션

그의 정읍 발언이 보도되자 정국은 소란해졌다. 남한 지역에 존재하던 거의 모든 주요 정당과 사회단체들이 비난의 화살을 퍼부었다. 미군정도 그를 비판했다. 이승만이 분단을 획책한다는 비난, 민족을 두 동강 내버린다는 감상적 민족주의에 기초한 비판의 소리는 점점 높아졌다.

인서트

이승만은 북한 지역에 이미 공산 정권이 수립되어 '민주개혁'이란 명칭으로 사회주의화 작업이 진행되고 있는 상황을 직시했다. 아무 대책 없이 미국과 소련의 합의만을 기다리다 보면 무정부적인 혼란은 가중되고 남한마저 공산화될 가능성은 충분했다. 그것은 일본 식민지에서 해방된 우리나라가 또 다시 소련의 노예가 되는 것을 뜻했다.

이한우

이승만 때문에 통일된 나라가 쪼개졌다면 그 비판이 맞지만 애당초 말이 안 되죠. 그건 제가 얼마 전에도 그거 관련해서 방송국에 나가서 그 얘기를 물어보길래 똑같이 얘기했어요. 그게 바로 이제 『해방전후사의 인식』이라는 책이 심어놓은 병폐죠, 병폐. 근데 그건 뭐 지금 누가 그걸 뭐 문제 삼지도 않죠 이제.

나레이션

이승만은 남한 지역의 '정치적 미해결 상태'가 지속될 경우, 미국이 세계의 다른 지역에서의 이익을 지키기 위해서 한국을 흥정의 대상으로 삼아서 희생시킬 가능성이 있다고 판단했다. 이는 수십 년간 망명정부의 수반으로 강대국들의 멸시를 받으며 외교 활동에 매진해 온 이승만만이 가질 수 있는 통찰력이었다.

이한우

아니, 그러니까 북한은 이미 사실 그 프로그램에 따라 가지고 국가 건설을 추진하죠. 그런데 그때만 해도 이제 선전전이 중요하니까, 애들이 겉으로 용어를 걸고 넘어지면서 명분을 장악하려고 했던 거고, 그러니까 그런 사고방식이니까 이 말도 안 되는 정읍 발언 같은 것도 막 트집을 잡는 거예요. 우리가 빌미를 줬다, 어쨌다 그건 말이 안 되는 거고, 그 당시 현실 역사에 대해서 완전히 눈을 감고서 말을 하는 것이기 때문에 저는 뭐 그건 학계에서는 이제 그런 얘기는 안 하는 것 같아요.

인서트

이승만의 우려는 현실로 드러났다. 미국은 1945년의 마지막 3, 4개월 동안 다른 지역에 대한 정책을 관철하기 위해 한반도에 대한 소련의 주장을 수용했다는 인상을 준다. 거칠게 표현하면, 한국은 넘기고 다른 곳을 받는 식이다.

15. 박헌영의 좌익 폭동

류석춘

그러니까 4·3이나 여순 반란 사건이나 다 5월 10일 48년 5월 10일 날 하기로 한 선거를 하지 못하게 하는 남로당의 기획이 있었고, 남로당의 기획은 다 북한의 김일성과 스티코프와 스탈린의 지령에 따라서 벌어진 거예요. 그거 다 기록이 있어요. 그런 부분을 좌익들 저들은 숨기고 그냥 '우리나라에서 공권력이 이렇게 많은 양민들을 학살했다'라는 것만 강조하는데 조금만 더 들어가서 보면 스탈린으로부터 남한에서 단독정부 수립하는 건 막아야 된다. 스티코프가, "막으려면 폭력투쟁해라, 폭력투쟁하는 건 박헌영과 김일성이 …," 그러면 "남한에 있는 누구한테 얘기하자." 그래 갖고 다 연결이 돼 있는 게 만천하에 지금 나와 있어요.

나레이션

이 시기부터 남한의 공산주의 세력들은 본격적인 폭동투쟁을 전개하기 시작했다. 소위 '박헌영의 신전술'이라고 불리는 투쟁전술이었다. 박헌영은 곧장 평양을 거쳐 모스크바로 갔다. 스탈린의 재가에 힘입어 박헌영은 '신전술'을 실행에 옮기기 시작했다. 바로 군중의 힘으로 미군정을 제압하겠다는 것이었다.

인서트

1946년 9월 23일, 조선노동조합전국평의회, 소위 전평의 지시로 총파업에 돌입했다. 전평은 남로당과 빨치산 계열의 노동조합이었다. 전국 철도가 마비됐고, 출판노조 파업으로 신문 발행이 중단됐다. 우편국, 전화국, 전력회사가 파업에 가세하면서 혼란은 극에 달했다. 전평은 철도 경찰청 무기고를 탈취해서 무장폭동까지 준비했다.

나레이션

문제는 전평의 총파업이 순수한 노동자들의 파업투쟁이 아니라, 소련과 북한의 사주를 받아 시작되었다는 점이다. 1946년 9월 총파업 투쟁을 위해서 북한 주둔군, 소련군 스티코프 중장은 세세한 파업 지침과 함께 투쟁 자금 500만 엔을 내려보냈다. 곧이어 1946년 10월 1일, 대구 폭동이 일어난다.

인서트

당시 대구는 '조선의 모스크바'라고 불렸다. 조선 공산당은 대구를 폭력혁명의 진원지로 선택했다. 총파업으로 열차운행이 중단되면서 식량배급이 원활히 이뤄지지 않았다. 식량난이 가중되고 민심이 흉흉했다.

1946년 10월 1일 대구 폭동

나레이션

10월 1일 아침, 누군가 대구시청에서 쌀을 배급한다는 헛소문 퍼뜨렸다. 가정 주부들이 자루를 들고 모여들고 시 공무원들이 헛소문이라고 해명하자, 분노한 시민들이 시위를 일으켰다. 오후에는 파업 노동자, 학생들도 가세했다. 대구역 전평 사무실 앞에서

시위대 경찰들에게 돌을 던졌다. 경찰이 발포시작하자 시위는 걷
잡을 수 없이 커졌다.

10월 2일, 대구 의대생들이 흰 가운을 입고는 들 것에 실린 자를
'총에 맞아 죽은 사람'이라며 거짓 선동에 나섰다. 실제로는 콜레
라로 죽은 행려병자였다. 시위가 폭동으로 번졌다. 대구 폭동으로
경찰 38명, 공무원 163명, 민간인 73명이 사망했다.

인서트
*좌익들은 봉기를 통해 거짓 선전·선동을 시작했고 무장 투쟁을
촉구했다. 민간인 피해를 구실로 폭동을 조장했다.*

나레이션
대구 폭동 실패 이후, 공산주의자 검거 선풍이 불어닥쳤다. 좌익
들은 월북하거나, 태백산, 오대산으로 들어가 빨치산 활동을 시
작했다. 일부는 국군에도 침투했다. 당시 미군정은 병력을 시급
히 확보한다는 이유로 그들에 대한 신상 조사도 제대로 하지 않
았다. 그렇게 군대에 침투한 좌익들은 나중에 여순사건을 일으키
는 세력으로 발전한다. 이렇게 남한 사회에서는 극도의 혼란 상
태로 빠져들고 있었다.

북한에는 '건국전쟁'이라는 말이 없다. 이미 소련군과 그의 사주를 받은 김일성을 중심으로 한 세력들이 반대 세력들을 제거했기 때문이다. 남한이 극심한 좌우익의 대립 속에 처한 것에 비하면 북한은 특별한 갈등 없이 자신들의 공산화 전략을 실행에 옮기고 있었다.

나레이션

그때까지만 해도 미국은 한반도에서 한국에 대해 특별한 이해관계가 없다고 여겼다. 소련에 한반도 전체를 넘겨줄 수도 있다는 생각을 하는 사람들이 많았다. 결국 이런 미국의 생각을 바꿔놓기 위해 이승만의 건국투쟁이 시작되었다. 남한만의 단독 정부 수립이라는 목표를 향해 움직인 것은 이런 이유였다.

인서트

단독 정부의 수립 혹은 대한민국의 건국은 한반도 전체의 공산화를 막기 위한 불가피한 조치였다.

나레이션

위기의 순간, 이승만은 또 한 번 승부수를 던진다. 1946년 말, 자신의 정치 생명과 나라의 운명을 걸고 미국으로 떠났다. 이승만을 통해 오랫동안 소련과 우호적인 관계를 유지하며 공산주의에 대해 협력적인 태도를 취했던 미국의 정책이 바뀌기 시작했다. 트루먼은 소련의 팽창주의에 맞서는, 보다 근본적인 정책을 세우기로 결심했다. 그것은 불과 2년 전까지만 해도 독일 및 일본과의 전쟁에서 같은 편에 선 동맹국이었던 소련을 주적으로 설정하는 전략상의 일대 변화였다.

나레이션

하지만 여기에서 역사의 아이러니가 발생했다. 트루먼 독트린은 뜻밖에도 남한으로부터 미군 철수를 재촉하게 된다. 유럽에 들어가는 경비가 큰 폭으로 증가했기 때문이다. 미국은 독일을 비롯한 유럽 각국에서 극도의 빈곤이 공산당의 기반을 만들어 준다고 판단했다. 따라서 마셜 플랜이라는 원조 계획을 세우고 모든 재력을 유럽에 쏟아 붓기 시작했다.

마셜 플랜

인서트

이에 따라 일본을 제외한 동아시아 지역에서는 경비를 더욱 삭감해야 했다. 결과적으로 1947년 가을부터 미국은 한국으로부터 '체면을 손상하지 않으면서 철군할 수 있는 방안'을 모색하기 시작했다. 미국의 명예를 지키면서 한반도에서 손을 떼는 방법은 유엔이었다.

1946년 10월 UN총회

나레이션

미국은 소련과 합의가 더 이상 불가능하다는 판단을 내리고 한국 문제를 유엔에 상정했다. 1947년 11월 14일, 유엔 총회는 독립 정부 수립을 위해 한반도에서 유엔 감사 하에 자유선거를 실시하는 안건을 표결에 붙였다. 결과는 43대 0, 만장일치였다.

인서트

1947년은 이승만의 미국 방문으로 시작하여 한반도에서 자유선거를 실시하고 독립 정부를 수립한다는 유엔의 결의로 끝났다. 이로써 한반도에 대한 강대국들의 신탁통치는 무효가 되어버렸다.

1947년 11월 14일 UN총회에서 남한만의 단독선거가 결정되었다.

16. 우리 역사 최초의 자유선거, 5·10총선

1948년 1월 유엔 한국 임시위원단 입국

나레이션

1948년 1월 8일 유엔 한국 임시위원단이 한국에 입국했다. 그들의 목적은 남한과 북한 전 지역을 대상으로 한 자유선거를 실시하여 통일정부를 수립하는 것이었다. 그러나 이미 정권 수립이 되어 있었던 북한은 유엔 위원단의 방문조차도 허용하지 않았다.

결국 2월 26일 유엔 소총회는 유엔의 감시가 가능한 지역에서 선거를 실시하도록 결의했다. 이 결의에 따라 5월 10일, 우리 역사상 최초의 자유선거가 치러지게 된 것이다.

인서트

미군정에 불법화된 남로당과 남한의 모든 좌익 계열 정당과 사회단체 총집결체인 민주주의민족전선은 총선 일정이 발표되자 1948년 2월 7일 기해 전국적인 대규모 파업을 일으켰다. 일부는 경찰과 물리적 충돌까지 일으키기도 했다. 이 사건은 두 달 뒤에 큰 인명피해를 가져온 제주 4·3 사건의 전초전이 된다.

김은구

김구 선생님께서 북한을 다녀오시면서 '북한이 이미 전쟁 준비가 되어 있고, 그리고 또 남한이 질 거다.' 이렇게 예상을 하셨던 것으로 이해할 수가 있습니다. 그렇기 때문에 대한민국 건국에 대해서도 상당히 부정적이셨고 이런 것들을 이해할 수가 있는데요. 김구 선생님께서 분명히 독립운동을 하신 부분은 맞지만 대한민국 건국에 관해서는 그 당시에 정말 뼈아픈 실수를 범하셨다, 이렇게 생각됩니다.

나레이션

남로당과 좌익 계열들은 1948년 5월로 예정된 대한민국 제헌국회 총선을 어떻게든 막기 위해 모든 수단을 동원했다. 여기에 김구, 김규식 같은 정치인들이 가세하면서 상황은 더욱 복잡해졌다.

김은구

진실과 거짓의 전쟁은 대한민국의 숙명이라고 생각합니다. 대한민국은 시작할 때부터 혁명적 사회주의라는 거짓된 공산주의 사상과 싸워 이겨서 생존해 여기까지 온 나라인데요. 그렇기 때문에 진실과 거짓의 전쟁은 저는 대한민국의 숙명이고 이 전쟁을 싸워서 이기는 것이 대한민국의 사명이라고 그렇게 생각을 합니다.

그런데 이런 분들이 궁극적으로 한민족의 정통성을 북한에 두는 그런 어처구니 없는 그런 태도를 취하고 계시거든요. 그런데 이런 식입니다. '북한이 그래, 정치는 잘못했을지 몰라, 경제적으로 문제가 있을지 몰라, 하지만 그 항일 독립운동의 정당성은 북한에 있어'라면서 동정적인 자세를 취하는 경우가 상당히 많은데요. 그런데 아까 말씀하신 것처럼 북한도 비판하고 한국도 비판하는 게 공개적으로 그런 입장을 가지고 계신 분들이 북한을 지지하실 수는 없습니다. 그렇기 때문에 "북한도 잘못했고 남한도 잘못했어"라는 정도의 주장이 합리적인 것처럼 내세우는 입장을 공개적으로 지지할 수밖에 없는 거죠. 역사 전쟁, 역사 무기화 전략을 고려한다면 …. 그런데 그런 사고의 이면에는 대한민국은 친일파가 미국에 빌붙어 세운 나라고 대한민국의 정당성은, 그러니까 조선 민족의 정당성은 북한에 있다는 그러한 사고가 깔려 있다는 것을 저희가 인식할 필요가 있습니다.

남북연석회의

1948년 4월 19일, 남북연석회의

마이클 리

김구 선생이 북한에 가보니까 북한은 당도 조직도 강하고 군대도 막강한 겁니다. 결국은 대한민국이 건국이 돼도 북한에 의해서 통일될 테고 그때를 기다리고 있으니 이승만 박사가 주도하는 대한민국 건국에는 참여할 수 없다며 대한민국을 반대했죠. 이 사람을 우리나라 사람들은 독립의 주역으로 생각하고 애국자로 생각하는 것이 잘못입니다. 이 박사가 상해 임시정부에서 노력한 것은 인정되지만 김구는 대한민국 건국과는 전혀 상관이 없는 인물입니다. 대한민국 건국을 반대한 사람이니까요. 그런데 지금 우리 국민은 김구 선생은 이렇게 받들고 이승만 박사는 죽이고 있다고요. 정신 좀 차려야 합니다, 정신 좀.

나레이션

1948년 4월 19일, 평양 모란봉 극장에서 본회의가 개최되었다. 남한 측에서는 좌파 인사들이 주를 이뤘고, 조소앙을 비롯한 임시정부 관계자들도 참석했다.

나레이션

김일성과 김구는 공동성명을 발표했다. 미군과 소련군 철수, 내란 무질서 발생 금지, 남한 단독 정부 불인정 등이 핵심 내용이었다.

이들은 미소 군대 철수 이후 남북한 총선거 실시를 주장했다. 문제는 이 회의에 참석할 수 있는 자격에 있었다. 5·10선거에 찬성하는 남한 내 우익 진영에 속하는 정당과 사회단체는 단 1개도 포함되지 않았다.

인서트

결국 남한 우익 진영의 정당 사회단체를 모두 배제한 채 통일 정부 회의를 구성하고 이를 통해 '공산주의 통일정부'를 수립하려는 북측의 계략에 이용 당한 꼴이다. 이것은 김구가 자신의 권력을 위해 김일성과 공산주의자들에게 나라를 팔아넘긴 것과 다를 바 없었다. 이것은 공산화로 가기 위한 과도정권을 의미했다.

류석춘

그런데 그것을 김규식은 …, 김구나 김규식은 반대하면서 북한에 갔는데 북한에 간 거는 소련이 짜 놓은 각본에 놀아날 거라는 것을 본인들도 알고 갔어요. 보면 그런 얘기가 나와요. 이제 우리가 거기 가면 이용당할 문제를 어떻게 해결할 거냐, 그런 걱정까지 하면서 북한에 갑니다.

'김구는 한국전쟁이 일어날 것을 이미 알고 있었다'

류석춘

우리나라에 장개석의 대리인으로 와 있는 유어만이라는 사람이 1948년 7월 11일 그러니까 5·10 선거가 있고, 김구가 남북협상을 하러 갔다 와서 김구가 나름 굉장히 현실 정치에서 실패한 셈이죠. 의기소침해 있을 때 격려차 경교장을 방문한 기록이 있습니다. 그게 비밀문서라고 분류가 되면서 유어만과 김구가 나눈 영어로 된 문서가 있는데, 문서에 보면 한두 페이지밖에 안 됩니다. A4로 두 장짜리. 거기에 보면 유어만이 김구를 찾아가서 건강이 어떠시냐? 김구 선생 아들인 김신과 저는 친구기 때문에 우리 김구 선생님한테 자기가 오늘 찾아온 이유는, 장개석 총통에 각별한 관심과 조언을 전하고 또 저는 저대로 아드님하고 굉장히 가까운 친구기 때문에 남들이 못하는 허심탄회한 얘기를 좀 드리겠습니다. 김구가 뭐냐 물어보니까, 장개석 총통이 이승만과 좀 협조를 하는 게 좋겠다. 왜 그러냐 하면 이승만이 어차피 이제 대통령이 될 모양인데 김구 선생이 부통령이라도 하면 다음에 이승만이 대통령을 뭐 평생 할 것도 아니고 한 텀하고 나면 또 대통령 선거를 해야 되는데 그러면 그때는 기회가 생기지 않겠습니까?

김구가 그것을 듣고 나는 같은 생각을 안 한다고 그러면서 여러 가지 얘기를 합니다. 한민당 때문에 나는 도저히 뭐 같이 못 하겠다. 한민당 앞잡이하는 한덕당하고 한민당하고 원수거든요. 김구하고. 그런 얘기 뭐 이런 얘기 저런 얘기하다가 계속해서 유어만이 김구한테 이승만과 협조를 하는 게 그래도 장래를 위해서 더 장기적으로 보면 정치 … 어떤 일정을 생각하는 데 당연히 맞는 거 아니냐는 생각을 한다 그랬더니, 또 처음에는 한민당 핑계고 나중에는 내가 지금 그 이승만을 도와주면 나는 반미주의자로 알려져 있어서 우리를 도와줘야 될 미국 정부가 우리를 돕는 거에 또 불편해 할 거다 오히려 내가 부담이 된다.

그 유어만이 이런 말도 해요. 아니, 이승만도 반미주의자라고 알려져 있었습니다. 그런데 지금 대통령이 되는 과정에 들어가 있고 그러니까 김 교수님도 그런 평가에 너무 연연하지 말고 꼭 이승만과 협조를 해서 다음 차례를 도모하십시오 그랬더니, 마지막에 김구가 하는 말이 "이봐, 그런데 내가 …," 북한에 가서 남북협상할 때 얘기죠. 5월 달에 북한에 가서 …, 5월 달이란 말은 안 하는데 "북한에 가서 봤더니, 북한은 이미 군대가 엄청나게 강력해서 소련이 도와주고 북한 군대가 내려오면 남쪽은 아무리 열심히 지금부터 방어를 해도 이길 방법이 없다. 북한이 내려오면 그냥 남한은 끝이다. 근데 내가 왜 이승만을 도와주느냐?" 이렇게 얘기해요.

다른 말로 하면 북한이 내려오는 것을 예측하고 있는 거예요. 그리고 내려오면 우리는 도저히 생존 못한다. 진다. 김구는 완전히 투항한 거예요. 김일성한테 그래 놓고 4월 5월 달에 5월 30일인가에 돌아오면서 뭐라고 성명하는 줄 알아요? 그 남북협상한 사람들이 공동성명을 냅니다. 물론 김구, 김규식이 가장 중요한 인물인데 선언문에 보면 "외국 군대가 철수해도 북한은 절대 남침하지 않는다"라고 공개적으로 발언해요. 공개적인 발언은 그렇게 하고 유어만이랑 비밀 회담할 때는 북한이 내려온다고 얘기하고 있는 거예요. 완전히 이중적이죠. 김구의 위선이죠. 우리는 모르던 그동안 우리가 아는 김구는 그런 사람이야, 의협심이 넘치는 사람이었는데. 김일성을 설득해서 남한에는 못 쳐들어오게 했다고 자랑했어요, 공개성명에서는. 그런데 비밀 회담에서는 "북한이 내려오면 남한이 이길 방법이 없다. 그 정부에 내가 뭐 하러 참여하느냐?" 이러고 있는 거예요. 지금 김구가.

그 『백범일지』에 나온 것이 전부 진실이라고 생각하고 우리 사람들이 김구를 존경했어요. 근데 김구가 "국모를 시해한 일본군 대위를 때려 죽였다"라는 사건을 수사한 일본 경찰과 검찰의 기록을 보면 민간인이에요. 민간인을 때려 죽였다고 …. 지금 일본군 장교를 때려 죽인 엄청난 의협심의 김구라고 하는데 사실 그 사람 약재상이에요. 그러니까 약재를 우리나라에서 사다가 일본에 가서 팔려고 그냥 돈벌이하러 온, 열심히 사는 일본 민간인을 때려 죽여 놓고 일본군 장교를 죽였다고 『백범일지』에다가 엉터리를 써놓은 것을 우리나라 사람들이 믿고, 이 김구야말로 '정말 의협심이 넘치는 우리의 지도자다.' 이렇게 생각하게 된 거예요.

나레이션

김구·김규식 일행의 북행은 지혜롭지 않았다. 하지만 남한에서는 제주 4·3사건이 전개되고 있고, 5·10 총선거가 한 주일 뒤로 임박해 있는 시기에 그들은 정치적 입지의 돌파구를 위해 북행했으나 그것은 결과적으로 역사의 현장을 이탈한 것이며, 통일 의지도 없는 북한의 정치적 선전에 이용되었을 뿐이다.

인서트

소련은 애초부터 미소공위를 통해 해결할 계획이 없었다. 단독 정권인 북조선 인민위원회 구성, 토지개혁, 국유화 단행. 북조선 최고인민회의(의회) 설립 …, 북한은 단독 정부를 구성한 것으로 봐야 한다. 소련의 목적은 미소공위 결렬의 책임을 미국과 이승만에게 전가하는 것이었다.

1948년 5·10 단독선거, 방해 투쟁 공산당에 의해서 134개 선거 사무소, 301개 관공서 습격당함 테러 612건, 사망 203명, 부상 643명

나레이션

당시 공산당에 의해 단독 선거에 대한 방해 투쟁이 진행되었다. 134개 선거 사무소와 301개 관공서가 습격당했다. 선거가 정상적

으로 치러지지 못하도록 좌익과 공산 계열은 선거 사무소 등을 공격한 것이다. 전국적으로 선거 관련 테러가 612건 발생했다. 그 와중에 203명이 사망했고 643명이 부상했다. 좌익 언론들은 지금도 좌익 계열 민간인 피해만 부풀려 강조했지, 실제로 관공서의 공무원이나 경찰들의 피해는 눈을 감고 있는 실정이다.

제주 4·3 폭동

나레이션

같은 시기 제주에서도 선거를 방해하기 위한 남로당과 북한의 사주를 받은 공산주의자들이 제주도에서 폭동을 일으켰다. 1948년 4월 3일 발생한 제주 폭동 역시 본질은 합법적인 선거를 방해하기 위한 것이었다. 민간인 피해 규모에만 집중한 탓에 4·3사건이 왜 발생했는지에 대한 논의는 실종되고 있다.

여순 반란 사건

여순 반란 사건은 제주 4·3 폭동 진압을 위해 출동 명령을 받았던 여수 주둔 14연대에서 일어난 공산주의자들의 반란 사건이다. 당시 14연대는 '붉은 연대,' '남로당 부대'라고 불릴 정도로 공산주의자들이 많았다. 1948년 10월 19일, 지창수 상사와 남파공작원 김지회 중위가 제주 출동 명령을 거부하고 부대에서 반란을 일으켰고 반항하는 20여 명을 사살하면서 일어났다.

14연대 반란에 여수 인민위원회 소속 남로당원이 가세했다. 반란군은 여수 시내로 진입해서 경찰과 총격전을 벌이고 10월 20일 새

231

벽 5시 여수를 완전 장악했다. 이들은 우익 인사, 공무원, 경찰들을 닥치는 대로 살했다. 대략 1000여 명이 잔인하게 학살당했다.

나레이션

반란군은 기차를 타고 순천으로 이동했다. 순천에서는 900여 명이 학살 당한 것으로 알려지고 있다. 좌익과 공산주의자들에게 처참하게 살해된 시신을 보고 격분한 경찰들이 보복에 나섰다. 1948년부터 일어난 남한에서의 갈등은 바로 이런 이유 때문이다. 문제의 시발점은 선거를 방행하려는 공산주의자들이 경찰과 공무원을 야만적으로 살해한 잔인성에 일차적 원인이 있었다.

17. 대한민국 건국

나레이션

선거는 여러 가지 방해 공작에도 불구하고 성공적으로 치러졌다.
유권자 96%가 등록, 784만 선거인이 등록했다. 남로당 테러에
대한 공포 속에서도 유권자들은 건국에 대한 열망이 컸다. 선거
결과 대한독립촉성국민회 55명, 한민당 29명, 무소속 의원 85명
이 당선되었다.

5·10 선거

인서트

당시 선거에서 주목할 만한 것은 반민족행위자들이 선거에 참여할 수 없게 만드는 조항들이었다. 일본 정부로부터 작위를 받은 자나 일본제국의회의 의원이었던 자에게는 선거권을 박탈했고, 일제 때 판검사나 고등 경찰직에 있던 자들에게는 선거에 입후보할 수 있는 피선거권을 박탈했다. 선거제도는 보통, 평등, 비밀, 직접의 4대 원칙이 그대로 적용되었다. 여성에게도 선거권이 부여될 정도로 근대적인 선거 형태를 갖추고 있었다.

송재윤

보통, 비밀, 평등, 직접선거를 통해 정부가 만들어진 겁니다. 그러고 나서 제헌의회가 만들어졌고, 그 의회에서 헌법을 제정을 해서 8월 15일날 대한민국이 만들어졌죠.

2차 대전 후 신생국가들 중에서 민주주의를 바로 도입해 가지고 성공한 사례가 없습니다. 성공할 수가 없는 체제죠. 민주주의가 되려면 기본적으로 준비 과정이 필요합니다. 사람들이 교육을 받아야 되고 그리고 또 민주주의가 실현되기 위한 사회적·경제적, 정치적 제도가 완비되어야 됩니다. 그게 없는 상태에서 그냥 민주화? 모든 사람들이 다수결로 정책을 결정하면 그 정책이 올바른 정책이 될 수 있을까요? 절대로 그럴 수가 없죠. 50년대 혼란은 너무나 자연스러운 겁니다.

나레이션

좌익들의 반발에도 불구하고 선거는 성공적으로 마쳤다. 한국인은 오천년 역사상 처음으로 국민이 투표를 거쳐 지도자를 선출하는 역사적인 행위에 참가했다. 대부분의 언론들도 90%가 넘는 투표율을 들어 성공적이었다고 평가했다. 5·10 선거를 통해서 200명의 국회의원이 당선되었다.

나레이션

제헌국회는 '대한민국'이란 국호를 채택했다. 그리고 첫 번째 대통령으로 이승만이 선출됐다. 수많은 역경과 어려움을 극복하고 대한민국이 최초로 건국되었다.

인서트

1948년 5월 31일 제헌국회가 개회되었다. 사회자인 이승만은 서울 종로에서 당선된 이윤영 감리교 목사를 지목했다. 198명의 국회 의원 전원이 기립한 가운데 이윤영은 대표 기도를 드렸다. 그렇게 기도로 시작한 제헌국회는 7월 20일 이승만을 대통령으로 선출했다. 7월 24일 이승만은 대통령 취임 연설을 했다.

나레이션

스물네 살의 사형수였던 이승만은 일흔 셋의 대통령이 되었다. 파란만장한 세월 동안 그를 지켜왔고 그의 영혼이 품어왔고 그가 씨름하며 추구해왔던 신앙과 애국, 그것이 새 나라를 세우고자 했다. 길고 오랜 투쟁 끝에 찾아온 장엄한 시작이었다.

나레이션

이승만 정부는 출범 직후부터 극심한 좌익 공산주의자들의 불법적인 투쟁에 직면했다. 그들로 인해 정상적인 국가 운영이 불가능한 상황이었다. 이승만은 결단을 내린다.

1948년 10월, 반민족행위처벌법 국회 통과

인서트

건국 직후 친일 부역자 청산은 중요한 시대적 과제였다. 하지만 공산주의자들의 대결이 가속화되고 있는 상황에서 일본의 지배 아래

형성된 사람들이라 해서 모두 배제한다면 근대화의 인적 자산을 모두 버릴 수밖에 없는 노릇이었다. 그런 방식으로는 국가를 세울 수 없었다. 이승만은 형식적인 것보다 보다 실체적인 진실에 접근했다.

숙군 작업

나레이션

여순 사건을 경험하면서 군부대 내에서 공산주의 세력을 색출하기 위한 숙군 작업이 시작됐다. 1949년 7월까지 4,749명이 형사 처벌 또는 불명예 제대를 했다. 그 와중에 5,568명의 군인들은 수사에 겁을 먹고 군부대를 탈영해서 북한이나 지리산 등으로 도주했다. 두 숫자를 합치면 당시 육군 병력의 10퍼센트에 해당되는 인원이었다.

이한우

우리가 친일파라는 말을 지금 쓴다는 거는 시대에 뒤떨어진 말입니다. 그때 뭐라 그랬어요? 친일파라고는 안 했어요. 뭐라 했습니까? 반민족 행위자예요. 행위를 처벌해야지 카테고리로 처벌하는 게 아닌데 막연히 그 친일파의 범위가 뭐예요? 그럼 어디까지? … 그러면서 이게 지금 논란이 된 거예요. 그러니까 우리가 지금 저 48년 당시 사람들만도 못한 저걸 갖고 있는 …, 구체적으로 반민족 행위를 한 사람하고 이거는 완전히 다른 거예요.

인서트

친일파 제거도 중요하지만 그건 과거의 문제였다. 1948년이 되면 정부를 전복시키려는 공산주의자들의 폭력적인 투쟁으로부터 나라를 지키는 것이 급선무였다. 아직 나라도 제대로 세우지 못한 상황에서 치안과 안전을 지키는 것이 더 중요한 문제가 됐다.

이한우

결국 한마디로 그 사람의 행위에 대해 처벌을 하고 문제 삼는 것이 아니라 말 그대로 이 친일파라는 추상적이고 좀 카테고리가 명확하지 않은, 이런 애매모호한 개념이 등장하면서 일단은 양적으로 어마어마하게 늘어나죠. 그러면 예를 들어서 적극적으로 독립운동가를 잡아서 고문한 놈, 이런 것들을 처벌을 해야 되는데 그냥 뭐 명망 있다 해서, 가서 방송하고 기고하고 이랬던 사람,

그것도 실은 그걸 가지고 부를 누리거나 권력을 누리거나 했으면 문제가 되겠죠. 그런데 별로 그런 것도 없어요. 그냥 기업가가 돈 내라고 해가지고 비행기 사업하는 데 2억 냈다, 이거 내고 싶어 냈겠냐고?

인서트

취약 국가 대한민국의 입장에서는 어쩔 수 없는 선택이었다. 공산주의자들과의 대결에서 승리하지 못한다면 통째로 남한 공산주의 세력에게 내어줄 판이었다. 치안의 공백과 군대 내에서의 좌익, 공산주의자 척결로 생긴 공백을 만회하기 위해서는 어쩔 수 없는 선택이었다.

나레이션

그 시점부터 반공이 핵심적인 가치로 떠오르기 시작했다.

18. 대한민국 승인 외교

나레이션

건국 이후 대한민국을 승인한 나라는 없었다. 미국도 유엔 총회의 결과를 보아가며 승인하고자 했다. 이승만 대통령의 최우선 과제는 1948년 9월 21일에 프랑스 파리에서 시작된 제2차 유엔 총회에서 대한민국이 정식으로 승인을 받는 일이었다.

인서트

전망은 불투명했다. 소련이 주도하는 공산권 블록은 당연히 반대 입장이었다.

2차 유엔 총회

필리핀 외상 로물로의 역할

리아나 로물로

저희 할아버지는 1949년 가을에 유엔 총회 의장으로 선출되었습니다. 그 직책은 다음 의장이 선출되는 1950년 9월까지 이어졌습니다. 그러니까 1950년 9월 이전에 총회 의장 역할을 수행해야 했던 것이죠. 즉, 1950년 6월에는 이미 그 역할을 수행하고 있어야 했습니다. 그 시기에 한국은 국제적인 지지를 받았습니다. 그렇죠, 단순한 지지가 아니라 군사적 지원을 받았습니다.

인서트

리아나 로물로

나레이션

그날 유엔으로부터 정식 합법 정부로 국가의 승인을 얻은 것이 훗날 대한민국을 살렸다. 6·25전쟁이 일어났을 때, 유엔의 승인을 받은 합법 정부를 공격한 북괴에 대한 반격을 역시 유엔이 결의했기 때문이다.

송재윤

6·25전쟁이 발발하고 불과 이틀 지났을 때 트루먼 대통령이 유엔 의회에 나가서 연설을 통해 이 전쟁은 공산주의 세력이 자유민주주의 국가를 공격한, 절대로 용납할 수 없는 반인도적인 전쟁이라고 규정했습니다. 그 결과 유엔의 이름으로 여러 연합국을 만

들어 한국에 참전을 했죠.

리아나 로물로

기억을 좀더 되짚어 봐야겠습니다. 구체적인 내용은 기억나지 않아요. 그냥 비신스키가 매우 화를 내며 할아버지에게 "당신은 소국에서 온 소인인데 어떻게 대국인 러시아에 도전할 수 있느냐?"라고 비난했다는 것만 알고 있어요. 그때 할아버지는 다윗과 골리앗 이야기에서 온 것처럼 "작은 다윗도 진실의 자갈을 던져야만 한다. 우리는 으스대는 골리앗들에 맞서 스스로를 방어해야만 한다"고 대답했다고 해요. 그 이야기는 온 신문에 실렸고, 정말 유명한 이야기가 되었지요. 그 이야기를 하는 영상도 가지고 있어요. 네, 찾을 수 있습니다. 미국의 어떤 대학에서 받았던 것 같은데, 정확히는 기억나질 않네요. 그 대학에 확인해봐야 할 수도 있겠지만 제가 그 영상을 드릴게요.

19. 민족의 비극, 한국전쟁

류석춘

소련이 유엔에서 소련 입장을 관철시키지 못하게, 소련의 기를 꺾는 결정적인 계기가 돼요. 그래서 우리나라가 6·25전쟁이 나니까 유엔이 파병하잖아요. 그 비신스키의 말을 로물로가 반대를 잘 하면서 소련이 입지를 잃고 유엔에서 … 한국이 이제 국제적으로 인정받는 한반도 유일의 독립국가로 인정받는 계기가 되는 거예요. 그게 한국전쟁 때 유엔군이 신속하게 오는 배경이에요. 그러니까 우리나라에서 6·25전쟁이 났을 때 유엔이 파병을 하잖아요. 유엔이 파병하는 그 결정을 할 때 소련이 안전보장이사회에 안 나와서 그게 결정이 되거든요. 그런데 소련이 왜 안 나오냐 하면 총회에서 비신스키가 로물로한테 개망신을 당해요. 그러니까 이제 유엔에 안 나오게 돼. 안전보장이사회에도 안 나오고 그러면서 유엔이 결정을 해가지고 유엔의 이름으로 6·25전쟁을 막게 되잖아요. 우리가 그 터닝포인트에 로물로의 역할이 있는 거예요. 결국은 대한민국이 공산주의로부터 (어떻게 말한다면) 방어하는데 그 작은 사건이지만 굉장히 우리한테는 리틀 빅맨이에요. 리틀 빅맨.

나레이션

북한은 공화국의 수립을 선포한 직후부터 남침을 위한 본격적인 행보를 이어갔다. 이미 소련제 무기로 무장했고 소련의 지령에 따라 움직이고 있으면서도 겉으로는 외국 군대의 철수를 요구함으로써, 민족적이고 자주적인 모양새를 연출했다.

인서트

소련은 즉각 북한의 제안을 수용했다. 동시에 미군과 소련군의 철수를 요구했다. 북한과 소련은 잘 짜여진 시나리오대로 진행하고 있었다.

인서트

문제는 북한과 소련에 장단을 맞추는 자들이 있었다는 점이다. 나라가 위태로운 지경인데도, 좌파 국회의원들은 미군 철수를 주장하고 나섰다. 1948년 9월, 북한에서 소련군 철수를 요구하는 것과 보조를 맞추어 남한에서도 미군 철수 요구가 터져나왔다.

10월 13일에는 좌파 성향 국회의원 40여 명이 미군 철수안을 제출했다.

나레이션
여러 가지 상황이 맞물리면서 1949년 6월 미군은 한반도를 떠났다. 그것은 곧 남침의 초대장이었다.

한국전쟁

나레이션
소련이 멸망하면서 해제된 기밀문서들은 한국전쟁이 철저히 계획되고 준비되어 북한에서 일방적으로 일으킨 전쟁이라는 점을 생생하게 보여주었다. 역사 수정주의자들이나 좌파 학자들의 주장처럼 충돌 과정에서 '자연스럽게' 터진 전쟁이 아니라 '의도적으로' 계획된 전쟁임이 입증된 것이다.

송재윤

왜냐면 구소련의 아카이브를 명확하게 들여다 보면 스탈린의 계획 아래서 김일성과의 구두협약을 명확하게 받아놓은 상태에서 미군이 개입할 경우 모택동이 지원병을 …, 그들이 말하는 지원병을 참전시킨다는 전략을 다 가지고 있었습니다.

우리는 냉전의 정점에서 공산적화를 막음으로써 자유를 지켰고 민주를 지켰고, 공화를 지켰고 개인의 인권을 지켰습니다. 그렇기 때문에 이 전쟁이 갖는 의미는 아무리 강조해도 지나침이 없습니다. 그런데 이 전쟁이 무의미하다는 어떤 허무주의적 생각의 밑바탕은 무엇일까요? 그 밑바탕은 김일성이 일으켰던 그 전쟁에 면죄부를 쥐고 동시에 이승만 정권을 비판하는 것이라고 생각을 합니다.

이승만은 그런 정권을 유지하지 않았거든요. 이승만은 학생들 시위에 책임을 지고 물러났습니다. 그러니까 이 사람은 자유를 지키기 위해서 자기가 물러났던 대통령이죠. 근데 이 사람과 어떻게 김일성을 동일 선상에서 비교를 합니까? 이것도 잘못된 거죠. 또 하나 더 잘못된 것은 침략의 주체가 누구입니까? 김일성입니다. 침략을 받은 피해자가 누구입니까? 바로 대한민국이고, 대한민국의 수장으로 있었던 이승만 대통령이죠. 그런데 어떻게 두 사람을 동일 선상에 놓고 비교를 합니까? 이런 식의 논리적 모순은 어디에 근거하는 것일까요? 바로 대한민국이 갖고 있는 헌정사적 의의를 모르기 때문에 역사학자가 역사적 왜곡을 하고 있다고 저는 생각을 하고 있습니다.

국민으로서 …, 그러니까 그 이전까지는 북한도 우리 민족이고 사실 민족적 개념이 강했던 거죠. 근데 이제 보니까 적이란 말이에요. 쟤네는 우리랑 같이 할 수가 없는 거죠. 어떻게 보면은. 그래서 그 전쟁을 통해서 국민적 자극이 일어났고 국민적 개념이 일어났다.

한국전쟁

한국전쟁은 주도면밀하게 기획되고 추진된 국제전이었다. 1949년 3월 5일, 김일성은 모스크바를 방문하여, 남침을 허락해 줄 것을 요구했다. 스탈린은 대규모의 군사지원을 제공했다. 1949년에 한반도 주변에 커다란 변화가 생겼다. 미군이 철수했고, 소련은 핵 개발에 성공했다. 치열한 내전 끝에 광활한 중국 대륙을 공산당이 장악했다. 동북아시아의 정세는 공산주의자들에게 유리한 방향으로 흐르고 있었다.

북한은 서울을 3일 만에 점령했다. 초반에는 속수무책이었다. 북한은 자신들이 쳐내려가면 남한 전역에서 민중 봉기가 일어나리라 예상했다. 국민들이 들고 일어나 이승만 정권을 둘러엎고 공산군과 합세할 것이라고 기대했던 것이다. 그러나 국민의 환영을 받으리라는 기대는 환상이었다. 남침하면 곧바로 남한 내 남로당 20만 당원이 일제히 봉기해서 며칠 안으로 전쟁을 끝낼 수 있다고 믿었기 때문이다. 그런 일은 전혀 일어나지 않았다.

전쟁은 국민으로서 국가를 체험하는 가장 확실한 경험이 된다. 전쟁 이전에는 남이나 북이나 같은 조선이었다. 하지만 전쟁으로 끊임없이 죽고 죽이는 경험은 생각을 바꾸어놓았다. '같은 민족'이라는 생각은 생명이 오가는 전장에서 무의미하고 불필요하고 위험한 것이었다. 우리는 대한민국이고 적은 공산 집단이었다.

인서트

전쟁으로 적군이 분명해짐으로써, 아군의 응집력은 강해졌다. 따라서 북한과 공산주의를 동족이 아니라 적으로 느끼는 배타성은 대한민국의 국민적 정체성을 확립하는 데 크게 기여했다. 그것은 자유민주주의적 정체성을 지닌 국민의 탄생이었다.

20. 전쟁 중에도 계속되는 '이승만 죽이기' 선전·선동

나레이션

한국전쟁 와중에도 좌익들의 이승만에 대한 비난은 멈추지 않았다. 나라가 공산군에 점령 당해 절체절명의 위기에 빠진 순간에서도 일부 국회의원들은 국가를 혼란으로 빠뜨리는 행동으로 일관했다. 가장 대표적인 것은 국회에서 내무부 장관과 국방부 장관 해임을 결의한 일이다. 적과 맞서 한 사람이라도 힘을 모아야 하는 상황 속에서 도저히 국가를 안위를 걱정한다면 나올 수 없는 행동이었다. 이승만은 행정 수반으로서 인민군이라는 적군과 싸우면서 동시에 국회와도 싸워야 했다.

한국전쟁 전투 장면

참전 군인

아, 네, 저는 그분을 정말 존경합니다. 그분은 아주 훌륭한 신사이자 진정한 학자였으며 일관된 시각으로 상황을 바라보셨습니다. 그는 무기고를 늘리려 했지만 우리는 확전을 우려해 이를 저지했습니다. 결국에는 전쟁이 터지는 바람에 그가 움직이기 시작했죠. 그분은 정말 용감한 사람이었습니다. 혁혁한 공을 세우기도 했고요. 지도자로서의 역할을 수행하는 것도 그렇지만 우리 측의 넉넉한 지지를 받지 못한 것도 그에게는 힘든 일이었습니다.

나레이션

한국전쟁 때 자기 혼자 살겠다고 서울 시민을 내팽개치고 이승만 대통령이 도망쳤다는 소위 '런승만'으로 불려지는 비난과 왜곡은 아직도 많은 사람들이 사실이라 착각하고 있다.

참전 군인

네, 전적으로 맞는 말씀이라고 생각합니다. 이승만의 용기를 인정하지 않는 것은 역사의 일부를 간과한 셈이죠. 그분이 없었다면 우리로서는 남한의 국익을 증진시키는 데 준비가 덜 되었을 겁니다. 당시만 해도 간신히 해냈으니까요.

나라를 구하는 것이 얼마나 중요한 일인지, 나라를 지키고 안전을 지키는 것이 얼마나 중요한 일인지, 이런 외세에 저항하는 것이 얼마나 중요한 일인지 젊은이들이 정확히 인식하지 못하고 있는 것 같아 안타깝습니다.

자유로운 사회를 이룩하는 데 빼놓을 수 없는 중요한 인물로 알고 있습니다. 정말 인정받아야 할 사람임에도 평가가 제대로 이루어지지 않았다고 봅니다. 네, 그는 진정한 영웅입니다.

거짓말

"서울 시민 여러분, 안심하고 서울을 지키십시오. 적은 패주하고 있습니다. 정부는 여러분과 함께 서울에 머물 것입니다."

나레이션

중요한 것은 실제로 이승만은 그런 방송을 한 적이 없다는 사실이다. 최근 1950년 6월 27일 방송된 실재 방송문이 공개되었다. 미국의 CIA 예하 FBIS(Foreign Broadcast Information Service, 해외방송감청부서)의 일일 보고서에서 그 내용을 기록한 보고서가 존재한다. FBIS는 일본 오키나와에 소재한 감청소이며, 남북한과 중국, 소련의 방송을 모니터링하여 일일 보고서를 작성하여 매일 미국에 통보했다.

1950년 6월 27일 이승만의 실제 방송문(축약)

"마침내, 적군은 전차, 전투기와 전함으로 서울에 다가오고 있는데 우리 국군은 맞서 싸울 수단이 없다시피합니다. 이 암울한 상황에 직면하여 나는 도쿄와 워싱턴에 전화하여 상황을 설명했습니다. 마침내 나는 오후에 맥아더 장군에게서 전보를 받게 되었습니다. 맥아더 장군은 우리에게 수많은 유능한 장교들과 군수 물자를 보내는 중입니다. 이는 빠른 시일 내에 도착할 것입니다. 나는 이 좋은 소식을 국민에게 전하고자 오늘 밤 이렇게 방송을 드리는 것입니다."

인서트

실제 방송 내용 어디에도 이승만 대통령이 '서울 시민들은 안심하고 서울을 사수하라'라고 말한 내용은 존재하지 않는다. 사실이 그럼에도 불구하고 70년이 지났지만 아직까지도 좌익 세력들은 '런승만'이라는 말까지 만들어서 이승만을 허위로 조롱하고 있다. 대한민국 건국전쟁이 아직도 계속되고 있다는 중요한 증거다.

나레이션

한강대교 폭파 역시 마찬가지다. 인민군은 6월 28일 새벽부터 서울 인근에 진입하기 시작했다. 실제로 서울중앙방송국이 점령된 시각은 6월 28일, 새벽 2시였다. 하루 전날인 6월 27일 새벽, 이승만은 최후까지 서울 잔류를 고집하다 프란체스카와 측근들의 말을 듣고 대구행 기차에 올랐다. 한강대교가 폭파된 시점 역시 6월 28일 새벽 2시 30분 경이었다. 말 그대로 숨가쁘게 상황이 전개되고 있었음을 알 수 있다.

류석춘

그건 어쩔 수 없는 일입니다. 적군이 지금 코앞에 왔는데 그러면 적하고 싸워야 될 최고 지도자가 적군의 포로가 되거나 적군에 사살되면 뭐 전쟁이 끝나는 거 아니에요? 그러니까 피할 수밖에 없는 상황이어서 당연한 일이었고, 피한다는 것은 이제 피하고 나서 그러면 그 다리를 끊는 때까지 어떤 방식으로 했냐는 것인데 그동안 이승만 대통령은 피하고 나 몰라라 하고, 그냥 한강 다리에 피난민이 지나갈 때 다리를 끊어 버렸다라는 식으로 얘기를 했는데 실제로 제가 온갖 자료를 보니까, 피난을 가고 … 다리에 민간인들이 피난을 하는 중에 경찰이 가서 "이제부터 이 다리가 폭파가 될지도 모르니까 이 다리를 건너지 마십시오"라고 제동을 걸어요. 그래서 민간인들은 밑에 한강대교, 한강철교 밑에 부표를 따라서 부표를 그러니까 부교라 그러죠. 물 위에 뜨는 뭐 뗏목 같은 거 …, 이렇게 해서 임시다리를 만들어서 그리로 건너가게 하고, 이제 막상 폭파하는 순간에는 통행을 막습니다. 그래서 폭파하는 순간에 같이 다리 폭파와 함께 희생된 사람들은 경찰 1개 중대인가, 1개 소대인가, 종로경찰서 소속인가 하는 사람

들 한 70명인가가 죽은 것으로 제가 아는데 그것을 자료랑 한번
제가 제대로 정리를 ….

인서트

만약 6월 27일 새벽, 이승만이 서울을 빠져나가지 못하고 포로로
잡혔다면, 전쟁은 곧바로 끝났을 것이다. 이승만 절체절명의 마지
막 순간, 대한민국 대통령은 수도 서울을 빠져나갔다.

한강대교 폭파 1950년 6월 28일 02:30

나레이션

지금까지 출처조차 불명확한 정보에 의하면 폭파로 인해 800명이
사망했다고 추정하고 있다. 하지만 흥미로운 것은 폭파로 인해

부상을 입거나 다리에서 떨어졌다는 사람의 증언이 아직까지 한국전쟁 전사에는 기록되어 있지 않다는 점이다. 사망자가 800여 명이나 되면, 부상자 숫자 역시 엄청났을 터인데 왜 한강대교 폭파로 부상을 입었다고 주장하는 사람은 없는 것일까?

인서트
실제로 당시 한강대교는 군부대와 경찰에 의해 통제가 되어 있었다. 야간 등화관제가 실시되고 있었기 때문에 어둠이 깔려 민간인들이 다리를 건넜을 가능성은 희박하다.

유엔의 즉각적인 대응

나레이션
북한은 자신들이 내려가면 남한 전역에서 민중 봉기가 일어나리라 예상했다. 국민들이 들고 일어나 이승만 정권을 둘러엎고 공산군과 합세할 것이라고 기대했던 것이다. 남침하면 곧바로 남한 내 남로당 20만 당원이 일제히 봉기해서 며칠 안으로 전쟁을 끝낼 수 있다고 믿었기 때문이다. 그런 일은 전혀 일어나지 않았다.

인천상륙 작전

인서트

환상은 악몽으로 변했다. 연합군의 인천상륙작전 이후 전세는 역
전되었다. 인민군은 지휘관이 이탈하고 부대가 붕괴되는 일들이 다
반사로 일어났다. 북한군은 반격에 밀려 압록강변까지 쫓겨갔다.
하지만 중공군이 참전하면서 전쟁의 양상은 다시 원점으로 돌아
갔다. 이후부터 38선을 중심으로 양측은 밀고 밀리는 지리한 공
방전을 이어갔다.

1952년 부산정치 파동

1952년 부산정치파동

나레이션

부산정치파동을 이해하기 전, 먼저 한국전쟁이 한창이던 1952년 당시 상황을 살펴 볼 필요가 있다. 1952년 6월 25일, 한국전쟁 발발 3년 차 '6·25멸공통일의 날' 기념식이 열렸다. 이승만 대통령이 연달에 올라 연설을 시작한 지 얼마 지나지 않은 시각, 무대 뒷쪽에서 권총을 든 남자의 모습이 등장했다.

유시태가 이승만 대통령의 암살을 기도한 것이다. 다행히 총알이 발사되지 않아 대통령 암살극은 무위로 끝났지만 이 사건은 충격이었다.

마이클 브린

그래서 저는 한국이 신뢰도가 낮은 사회이고 지도자에 대한 신뢰도가 낮다고 주장했습니다. 존경받는 지도자는 많지 않습니다. 그럼 그게 무슨 뜻인가요? 그렇다고 한국 사람들이 신뢰가 없다는 뜻은 아닙니다. 그런 뜻은 아닙니다. 사회에 대한 신뢰라는 개념이 종종 비즈니스와 연결된다는 것입니다.

인서트

당시 이 대통령의 재선을 막으려는 야당의 극한 투쟁이 있었다. 전시에 정쟁을 벌이는 것에 머물지 않고 이승만 제거 암살 계획까지 꾸몄던 것이다. 전쟁 중에 나라가 사라질 운명임에도 불구하고 오로지 정권을 얻는 데만 관심이 있었던 것이다. 부산정치파동은 그런 배경에서 이해를 해야 한다.

마이클 브린

그래서 이승만이 임기를 다 마치지 못했다는 사실도 알고 있고, 그의 유산에 대해서는 안타까운 일이지만, 이것이 이유라고는 생각지 않습니다. 저는 이것이 민주주의로 가는 험난한 길이라고 생각합니다. 제 생각엔 그렇게 보는 게 맞을 것 같아요. 하지만 완전히 다른 점은 모든 대통령, 민주적으로 선출된 모든 대통령이 같은 패턴을 겪어온 것 같다는 것입니다. 아마 마지막 대통령을 … 문재인만 제외하면 말이죠.

인서트

*1951년 11월 30일, 정부는 대통령 직선제 개헌안을 국회에 제출
했지만 부결당하고 만다. 1952년 1월 18일, 국회는 정부의 개
헌안을 부결시킨 뒤, 4월 17일에는 야당 성향의 국회의원 123명
이 주축이 돼서 내각책임제 개헌안이 제출된다. 대통령을 국회의
원들이 선출하는 방식이라서 이승만의 재선 역시 불투명해졌다.*

마이클 브린

한국에는 세 가지 기적이 있습니다. 첫 번째 기적은 경제적인 기적
입니다. 두 번째는 정치적인 기적이죠. 누구도 한국이 민주주의 국
가가 될 것이라고 생각하지 않았습니다. 민주화 운동가들조차 이
런 일이 일어날 것이라고는 생각지 못했습니다. 그리고 세 번째 기
적은 문화적 기적입니다. 세계가 품고 있는 대한민국, 그것은 누
구도 예상하지 못한 현상이었습니다. 정말 놀랍습니다. 그렇죠?

야당 국회의원 헌병대 연행

나레이션

5월 26일 전시 중 북한과 내통한 혐의를 받는 야당 국회의원 50여 명을 헌병대가 연행했다. 구속된 국회의원 중 12명은 국제 공산당 관련 혐의로 기소되었다.

인서트

혼란스런 정국 속에서 대통령 직선제 정부안과 내각책임제를 골자로 하는 국회안을 발췌해서 타협안을 만들었다. 그게 바로 발췌 개헌안이었다.

나레이션

개정안은 160표를 얻어 가결되었고 8월 5일 대통령 선거를 실시, 등록인원 86%, 총 투표자 703만 표 중 약 524만 표를 얻어 이승만이 재선에 성공했다. 결과적으로 대통령 선거권을 국회의 수중에 맡겨 놓았다가 국민이 직접 투표권을 갖는 직선제로 변경되면서 대한민국 민주주의적 제도가 강화된 것으로 해석될 수 있다.

21. 반공포로 석방

나레이션

1951년부터 전쟁은 38도 부근에서 고착화되었다. 유엔군과 공산군은 정전을 모색하기 시작했다. 미국과 북한, 중국, 소련 모두 정전 방침을 결정한 시점이었지만 한국 정부는 정전을 받아들일 수 없었다. 미국은 한국 정부의 반대에도 불구하고 일방적으로 정전협상을 시작했다.

인서트

1952년 미국 대선에 아이젠하워가 부상했다. 그는 '한국전쟁 종식'을 선거 공약으로 내걸었다. 아이젠하워는 교착상태에 빠져 있던 휴전협정에 박차를 가했다.

인서트

이승만은 한반도의 분단을 고착시킬 수 있는 휴전에 강하게 반발했다. 오직 무력으로 북진하여 공산주의자들을 무너뜨리고 통일을 이루어야 한다고 주장했다. 그러나 그의 결사적인 휴전 반대는 메아리 없는 고독한 외침일 뿐이었다. 미국은 이승만의 북진 통일론을 환상이라고 일축했다.

나레이션

유엔군 없이 국군만으로 북진하여 중공군과 북한군을 모두 물리치고 통일을 이룬다는 것은 현실적으로 불가능했다. 이승만도 현실을 모르지 않았다. 그럼에도 불구하고 그는 북진 통일과 휴전 반대를 위한 범국민적 운동을 더욱 거세게 밀고 나갔다. 심지어 '미국과 헤어지겠다,' '우리에게는 자살할 권리가 있다' 는 식의 극단적인 표현을 써가면서 미국을 몰아붙였다. 이는 고도로 계산된 전략이었다.

이승만이 이처럼 비이성적인 행동을 한 이유는 그의 두 번째 카드를 위해서였다. 그것은 한미상호방위조약의 체결이었다.

인서트

휴전협정이 맺어지고 미군이 떠난다면, 만신창이가 된 나라와 폐허가 된 국토만 남는다. 그 국토는 휴전선을 맞대고 있고 그 너

머에는 소련과 중공이 여전히 건재해 있다. 만약 북한이 소련 및 중공과 연합하여 다시 전쟁을 일으킨다면, 대한민국은 속수무책이 된다. 미국이 자기 나라 젊은이들을 또 다시 몇 만 명씩 죽게 한다는 것은 기대하기 어려웠다.

나레이션
이승만은 휴전을 '한국에 대한 사형 집행장'이라고 규정했다. 아이젠하워 행정부의 고위 관리들에게 한국이 휴전협정을 수락하는 것은 마치 '아무런 항의도 없이 사형 선고'를 받아들이는 것과 같다고 끊임없이 강조했다.

휴전협상

나레이션

미국은 이 대통령의 거듭된 조약 체결 요구를 거절했다. 상호방위 조약 대신 미국이 이승만을 회유하려고 꺼내든 카드는 '대제재 선언(The Greater Sanctions Declaration)'이었다. 그것은 한국군을 20개 사단으로 증강시키고 대부분의 미군은 오키나와로 철수시키는 것을 골자로 했다. 한국의 안전은 16개 유엔 참전국들이 공동으로 보장한다는 것이었다. 만약 적이 다시 쳐들어올 경우 전쟁을 한반도에 국한시키지 않겠다는 내용을 포함했다.

인서트

하지만 이승만은 쉽게 회유에 넘어가지 않았다. 16개 나라가 공동으로 한국의 안전을 보장한다는 것은 '빛 좋은 개살구'에 불과했다. 16개국은 이해관계가 복잡했다. 전쟁 중에도 영국은 미국에게 한국을 포기하자고 제안하기도 했었다. 한국을 위해 싸워준 나라들이었지만 그후 공산당에 호의적인 정권이 들어서면 어떻게 바뀔지도 모르는 상황이었다.

나레이션

이승만이 원한 것은 선언이나 협정이 아니라 실제로 효력을 발휘할 수 있는 조약, 더 나아가 한국의 안전을 확실하게 보장할 수 있는 미군의 주둔이었다. 하지만 미국은 한국의 의사와 무관하게 휴전회담을 진행했다. 한국 대표가 불참한 가운데 1953년 6월 8

일, 유엔군과 공산군 대표들은 휴전의 마지막 관문인 포로 교환 협정에 합의했다. 이승만은 약소국이 어쩔 수 없이 강대국에게 끌려가지만, 결정적인 순간에는 힘과 행동을 보여야 한다는 것을 잘 알고 있었다. 뭔가 본때를 보여줘야 했다.

인서트

이승만은 미국이 어떻게 해서든지 휴전을 하고 싶어한다는 것을 꿰뚫어 보았다. 이승만 자신도 휴전을 할 수밖에 없는 현실을 알고 있었다. 그렇다면 미국이 그토록 원하는 휴전의 판을 깨버리면 그들은 한국의 요구를 들어줄 수밖에 없을 것이다. 휴전을 깰 수 있는 방법, 그럼으로써 미국에게 충격을 줄 수 있는 방법, 미국 지도자들을 한국이 원하는 협상테이블로 나오게 만들 수 있는 방법, 그것은 포로 송환 문제였다.

1953년 6월 18일, 반공포로 석방

나레이션

1953년 6월 18일, 대한민국 헌병대는 이승만 대통령의 명령에 따라 반공포로를 석방했다. 부산, 광주, 대구 등 각 포로수용소에서 총 27,389명의 반공포로가 석방됐다.

아이젠하워

"이승만의 일방적인 행동은 약속 파기이다. 미국은 이승만이라는
또 다른 적을 만났다."

인서트

아이젠하워는 한국전쟁 종식을 공약으로 내걸고 대통령에 당선
되었기 때문에 휴전협정 자체가 물거품이 되는 것을 그냥 지켜볼
수도 없었다. 자신의 정치 생명을 날려버릴 수 있는 폭탄이 터진
것이다. 하지만 그렇다고 모든 걸 포기할 수도 없었다. 아이젠하
워는 하루만에 말을 바꿨다.

아이젠하워 성명

"우리는 한국으로부터 절대 퇴장해서는 안 되며, 공산주의자들이
한국을 차지하도록 결코 방치해서도 안 된다."

나레이션
이승만의 조치는 세계적인 화제였다. 약소국이 자신을 지키기 위
해서 주먹을 휘두른 사례는 세계인들에게 강렬한 인상을 남겼다.
유엔 한국위원단은 1953년을 정리한 보고서에서 반공 포로 석방
의 결과를 다음과 같이 표현하고 있다.

"한국 정부는 강력하고도 독자적인 리더십을 발휘했다. 이 대통령의 위상은 휴전과 반공포로 석방과 관련해 그가 취한 태도 때문에 당해 기간 중 더욱 높아졌다. 지난 해의 가장 두드러진 추세를 든다면 정부의 자신감이 증대한 것이다. 대한민국 정부는 자국의 국익을 국제사회에 납득시키기 위해 당당히 주장하는 의지를 과시했다."

나레이션

이 일로 가장 호되게 한방을 맞은 이는 유엔군 사령관 클라크였다. 자신이 관할하던 수용소의 포로들이 대거 탈출해 버렸으니 강대국의 최고 사령관에게는 체면을 구기는 일이었다. 하지만 이승만에게 끊임없이 시달리면서도 그를 존경해왔던 클라크는 이렇게 말했다.

"이 대통령과 의견을 달리하고 결과를 우려하는 사람들까지도 이 석방의 과감성에 대해서는 존경심을 느끼고 있었다. 모든 징조는 이 석방 조치로 이 대통령의 국민적 인기가 하늘을 찌르고 있음을 말해주었다. 나는 지금도 한국의 애국자 이승만 대통령을 세계에서 가장 위대한 반공 지도자로 존경하고 있다."

나레이션

다급해진 아이젠하워는 국무부 차관보인 월터 로버트슨을 특사로 파견했다. 1953년 6월 25일 로버트슨이 도착했을 때, 서울은 그를 압박하고 있었다. 주요 도로와 건물들에는 영문과 국문으로 휴전 반대, 북진 통일의 구호가 적힌 플래카드와 깃발들이 휘날리고 있었다. 이승만과 로버트슨의 회담은 '또 다른 휴전회담'으로 불렸다. 18일에 걸쳐서 14번이나 회담이 이뤄졌다. 이승만은 회담을 주도하며 로버트슨을 몰아붙였다. 미국 특사는 따지러 왔다가 오히려 미국이 '배신자'라는 신랄한 지적을 들어야 했다.

황준석

김일성 정부가 소련의 앞잡이이자 소련의 괴뢰정부였지 이승만은 미국의 앞잡이도 아니고 오히려 미국을 이용하고, 물론 미국의 도움도 많이 받았지만 미국을 이용할 뿐 아니라 미국에 앞서서 예를 들어 반공포로 석방 같은 것도 아이젠하워 대통령하고는 전혀 반대의 의견임에도 미국의 의사는 묻지 아니하고 결행해서 소위 지금 우리가 말하는 한미동맹 방위조약을 … 상호방위조약을 맺지 않았습니까? 이런 것들은 전부 다 이승만이 미국의 앞잡이가 아니라 오히려 미국을 이용해서 우리 대한민국을 위해서 어떻게 하면 우리에게 도움이 될까, 이런 쪽에서 활동을 한 거기 때문에 이승만은 절대 괴뢰정부가 아닙니다. 김일성이 소련의 괴뢰정부라는 것이 맞는 얘기죠.

이승만-로버트슨 협상

"미국에 대한 우리의 확고부동한 신뢰에도 1910년 일본의 한국 합병과 1945년 한반도 양분에서 볼 수 있듯이, 우리는 과거 두 번씩이나 미국에 배신 당했소. 지금의 사태는 또 다른 배신을 시사하고 있소이다."

나레이션
회담을 계속하면서 이승만은 특유의 언론 플레이를 곁들였다. 그는 미국 여론의 지지를 호소하는 성명서를 여러 차례 발표했다.

「크리스천 사이언스 모니터」
워싱턴 지국장 로스코 드러먼드(Roscoe Drummond)의 기사

"이승만은 정복되지 않았다. 아울러 그는 정복할 수도 없는 인물이다. 그는 오늘날 극동에서 군비를 가장 잘 갖추고 있으며 사기도 충천한 최강의 반공군 지도자다. 현재 대한민국 국민만큼 반공정신이 투철한 사람들은 지구상에 없다고 해도 틀린 말은 아닐 것이다. 한국은 서방 진영을 필요로 하고, 서방 쪽은 한국이 필요하다. 우리를 분열시키려는 어떤 시도도 용납되어서는 안 된다."

마이클 브린
한국은 세계에서 가장 불리한 국가였습니다. 석탄 외에는 아무것도 없었습니다. 아무것도 없었고, 민주주의의 역사도 없었습니다.

사람들은 교육을 받지도 못했고 아무것도 갖고 있지 않았습니다.

나레이션
이승만의 압박에 시달리면서도 로버트슨은 그에 대한 존경심을 품고 있었다. 이승만 때문에 실컷 고생하고도 그를 존경했던 수많은 미국의 지도자들—무초 대사, 덜레스 국무장관, 클라크 사령관 등—의 계보를 로버트슨도 이어갔다. 회담 기간 중 덜레스 장관에게 보낸 보고서에는 이런 대목이 있다.

"이승만은 우리 미국을 궁지로 몰아넣었고, 그도 그것을 잘 알고 있었다. 이승만의 철저한 반공주의와 불굴의 정신은 지지해야 마땅하다. 미국이 한반도의 통일이 성취될 때까지 한국과 함께 전쟁을 계속하겠다는 약속을 확실히 해준다면, 이승만은 휴전에 반대하지 않을 것이다. 이승만은 휴전이 비단 한국의 분단을 초래할 뿐 아니라 한국이 장차 주변 강대국들에 의해 희생될지도 모른다는 강한 우려를 갖고 있다. 미국의 역사에 정통한 이승만은 대통령이 제안했던 조약을 상원이 항상 비준해준 것은 아니라는 역사적 사실을 잘 알고 있다."

나레이션
이승만은 경제원조는 물론 안전보장을 끊임없이 요구했다. 말뿐인 선언이나 행정부가 추진한 조약 정도가 아니라 확실한 보장을 원했다. 미국 정치계의 의사결정 구조를 환히 꿰뚫어보고 있던 그는 행정부가 맺은 조약을 상원이 얼마든지 거부할 수 있다는 것을 너무나 잘 알고 있었다.

인서트

결국 로버트슨은 '한국과 그 주변(in and around Korea)'에 미군을 주둔시키겠다고 약속했다. 선언이나 조약의 차원을 넘어 실제로 한국을 지켜줄 수 있는 군사력의 배치를 약속한 것이다. 두 사람은 한미상호방위조약 체결에 합의했다. 7월 12일 한미 양국은 공동성명을 발표했다.

나레이션

엄청난 도박이었다. 이때 이승만이 얼마나 큰 위험을 무릅썼는지
는 훗날에 밝혀졌다. 1975년 8월 3일 『뉴욕타임즈』는 시한이 만
료된 국가 기밀문서를 공개했다. 그것이 '에버레디 작전'이었다.

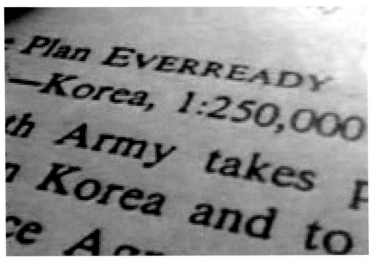

뉴욕 타임스, 1975년 8월 3일 자 신문 '에버레디 작전'

인서트

내용은 휴전을 방해하는 이승만을 제거하기 위해 아이젠하워 대
통령, 덜레스 국무장관, 그리고 미군 합동 참모회의 본부가 이 대
통령을 체포하고 한국을 다시 잠정적인 미군정 통치로 전환시키
는 계획을 검토했다는 것이었다. 실제로 이승만은 목숨을 걸고 조
국을 구하기 위해 승부수를 던졌다. 도박의 결과는 대박이었다.

인서트

한국은 미국으로부터 안전보장과 경제지원을 한꺼번에 받아냈다. 그 대가로 한국이 지불해야하는 것은 '휴전협상을 방해하지 않겠다'는 각서 한 장이었다. 우리가 뭘 하겠다는 것도 아니고, 그저 미국이 하는 일을 방해하지 않겠다는 말 한 마디로 일찍이 어느 약소국도 받아 본 적이 없는 강대국의 지원을 받아냈다.

나레이션

한국은 초토화된 국토의 전후 복구비와 경제원조, 국군을 20대 사단으로 증강, 한미상호방위조약 체결 등을, 구걸이 아니라 미국을 봐주는 모양으로 확보할 수 있었다. 우리 역사 최고의 외교관 이승만의 업적이었다.

1953년 8월 덜레스 국무 장관 한국 방문

"나 자신이 직접 이곳으로 온 것은 굉장한 의미가 있소. 강대국의 국무장관이 약소국 대통령을 만나 자기들의 정책을 약소국의 정책과 합치되도록 노력하기 위하여 멀리 바다 건너 찾아온 것은 역사를 통해 한 번도 없었던 전무후무한 사건이오."

한미상호방위조약 조인식

나레이션

1953년 8월 8일 미국 국무장관 델레스와 한국 외무장관 변영태는 '대한민국과 미합중국의 상호방위조약'에 가조인했다. 이 역사적인 조약은 1953년 11월 17일부터 정식으로 발효되었다.

이경복

지금 말씀하신 것처럼 "mutual agreement(뮤추얼 어그리먼트)"거든요. 상호방위. 그런데 그때 당시에 대한민국의 국력하고 미국의 국력이 "mutual"합니까? 대등해야 "mutual"이라는 말이 나오거든요. 미국이 위험할 때 대한민국이 똑같이 도와줄 수 있느냐 이거예요. 그러니까 어떻게 보면 아주 엉뚱하게 말하자면, 기발하신 분이고 그걸 관철했던 분이고요.

한미상호방위조약 핵심 내용

"상호적 합의에 의하여 미합중국의 육군, 해군, 공군을 대한민국의 영토 내와 그 부근에 배치하는 권리를 대한민국은 허여하고 미합중국은 수락한다."

나레이션

해외에 주둔하는 미군이 공격을 받을 경우, 미국 대통령은 합법적으로 의회의 승인 없이 즉각 전쟁을 선포할 수 있다. 따라서 한국에 미군이 주둔함으로써 만약 공산군의 공격이 있을 경우, 미국은 즉각적이고 자동적으로 참전할 수 있게 된 것이다. 한미상호방위조약에 의해 1953년 이후 이 땅에서는 전쟁이 없었다. 5천 년 역사상 천 번의 침략을 받았고, 조선 말기 이후로는 13년마다 한 번씩 큰 전쟁을 치러야 했던 대한민국에서 일찍이 없었던 70년 간의 긴 평화가 찾아왔다.

1953년 11월 서울에 온 닉슨은 주한 미 대사관에서 한국과의 협상팀을 이끌고 있는 아서 딘을 만났다. 그는 이승만을 압박하려는 계획을 듣고 이렇게 말했다.

닉슨의 말

"이 대통령의 이빨을 뽑고 그에게서 무기를 빼앗아 버리는 행동은 하지 않았으면 합니다. 그는 위대한 지도자입니다. 많은 사람들은 상황이 좋을 때만 친구인 척 하는데 반해 이 대통령은 언제나 믿을 수 있는 진정한 친구입니다."

나레이션

이승만을 만난 닉슨은 아이젠하워의 친서를 전달했다. 한편으론 한국군 단독 북진은 절대로 안 된다는 경고와 다른 한 편으로는 이승만이 협조한다면 미국의 지원 계획이 순조롭게 의회를 통과할 것이라는 설득이 담긴 편지였다. 닉슨은 이승만의 원하는 것이 무엇인지 알고 있었다. 미국의 고위 관료들이 가난하고 힘 없는 나라의 대통령에게 얼마나 불가사의하게 당했는지도 알고 있었다. 이승만이 불같이 성질을 내리라고 예상하고 있었는데, 이승만은 천천히 고개를 들었다. 그의 입에서 흘러나온 말은 뜻밖이었다.

"아주 좋은 편지입니다 …." 닉슨의 회고에 따르면 이때 이승만의 눈에는 눈물이 맺혀 있었다고 한다.

그 눈물이 의미하는 것은 무엇이었을까?

미국 국빈 방문

이승만 미국 국빈 방문

나레이션
1954년 7월 26일이 이승만은 워싱턴의 내셔널 공항에 도착했다. 7월 28일에는 상하양원 합동회의에서 이승만의 연설이 있었다. 아시아 국가 원수로는 처음 있는 상하 양원 합동연설이었다. 그 자리에 미국 행정, 사법, 입법의 3부 요인이 모두 참석했다. 대법원 판사 전원, 워싱턴 주재 외교관 전원, 육해공 3군 수뇌부 전원이 참가했다. 참석을 희망하는 인물이 너무 많아서 의사당측은 방청객 수를 제한하기 위해 특별 입장 카드를 발부했다.

송재윤
그럼에도 불구하고 매우 중요한 역사적 사례들을 사람들이 그냥 망각해 버리는 것을 보면 안타깝습니다. 심지어는 이승만 대통령이 미국으로부터 버림을 받고, 미국으로부터 홀대를 받고, 미국 사람들한테 멸시를 받았다. 뭐 이런 식의 주장이 아무 근거도 없이 만연해 있죠. 1954년에 54년도에 이승만 대통령이 미국에 가서 의회에서 연설을 했던 그 장면을 우리가 한번 다 처음부터 끝까지 빠짐없이 그 내용을 곱씹으면서 생각해 볼 필요가 있다고 생각을 하고요. 그 이후에 또 뉴욕에 가서 수많은 시민들의 환대를 받으면서 시가행진을 할 수 있었던 바로 그 장면은 우리가 상식으로서 알고 있어야 되는 장면이라고 저는 생각을 합니다. 왜 미국에서 그 변방의 먼 나라, 작은 나라, 대한민국의 대통령에게 그 정도의 영예를 베풀었을까요?

그것은 다름 아닌 이승만 대통령이 그 당시 냉전시대, 참혹한 냉전의 폐허를 딛고 일어서서 자유와 민주의 이념을 전 세계에 공표하는, 어떤 인류사의 정신적 스승으로서 아주 중요한 발언을 했기 때문이라고 생각합니다. 그렇게 자유가 갖는 가치를 이승만 대통령처럼 미국 의회에서 그렇게 강렬하게 설명할 수 있는 사람이 있었을까요? 민주의 가치를 그렇게 강렬하게 설명할 수 있는 사람이 있었을까요? 저는 없었다고 생각합니다.

바로 그렇기 때문에 미국 의회가 몇 번이나 일어나서 기립박수를 했고 기립박수만 친 것이 아니라 어떻게 보면 과도하다고 생각할 수도 있는 영예를 베풀었던 것이죠. 그게 제가 보기에는 이승만이 갖고 있는 보편 정신이라고 생각을 합니다.

이승만 대통령을 평가할 때 우리가 잊지 말아야 할 매우 중요한 포인트가 바로 이승만 대통령이 2차 대전 이후 여러 신생 국가에서 나타났던 여러 지도자들 가운데 한 명이라는 사실입니다. 그래서 그 지도자들과 비교를 통해서만 이승만 대통령의 공과가 명확하게 드러날 수 있다고 생각합니다.

이승만 대통령과 달리 공산권의 지도자들을 보면 전부 다 인격신이 되어서 절대 군주 이상으로 전체주의 독재자로 군림을 했습니다. 이승만 대통령은 절대 그런 식의 전체주의 독재자는 아니었죠. 그리고 이승만 대통령은 그런 여러 공산권 지도자와는 달리 인류의 보편 가치를 추구했던 사람이고 그 보편가치가 우리의 헌법적 가치였다는 겁니다.

그때 이승만 대통령은 전 세계를 향해서 전쟁을 겪은 대한민국이 자유를 지키기 위해서 민주주의를 지키기 위해서, 그리고 우리가 가지고 있는 법제와 공화주의를 지키기 위해 투쟁했다고 아주 간단명료하게 정의를 했습니다. 그러면서 미국의 가치가 곧 한국의 가치고 한국의 가치가 곧 인류의 가치라는, 너무나 중요한 발언을 했고 그렇기 때문에 모든 사람들의 기립박수를 열 번 넘게 받았습니다. 그리고 나서는 단순 기립박수에 머물지 않고 뉴욕에 가서 전 시민이 지켜보는 가운데 정말 성대한 퍼레이드를 실시할 수 있는 영예를 누렸는데요.

과연 미국이 왜 극동의 먼 나라 한국에서 온 대통령에게 그 정도의 성대한 영예를 베풀었을까? 우리가 한번 깊이 생각해볼 필요가 있습니다. 그것은 다름 아닌 이승만 정신이 바로 인류가 보편적으로 인정할 수 있는 기본 가치였다는, 단순 자명한 사실에 근거하고 있다고 생각합니다. 이승만 대통령은 개인의 독창적 생각, 독특한 이념으로 미국 사람들을 설득하려고 했던 것이 아니라 미국 사람들이 언제나 옳다고 믿었던 바로 그 이념이 바로 당신들 것만의 것이 아니고 인류 모두의 것이라는 것을 알려준, 그런 상식을 재확인시켜 준 지도자였기 때문에 미국 의회로부터 그렇게 환영을 받았던 겁니다. 그러한 이승만의 모습을 우리가 이제는 직시할 때가 되었다고 생각을 합니다. 너무나 오랫동안 한국 사람들은 이승만, 이승만이라는 사람의 업적을 무시해 왔고 그 사람을 박해해 왔습니다. 그러니까 지금은 그런 이념적 억압에서 벗어나 이승만을 제대로 보고 과연 이승만의 길은 어떤 것이었는가, 왜 그 사람은 그런 결정을 내렸고 그 사람이 우리에게 준 것은 무엇인가를 깊이 생각해 볼 때가 되었다고 저는 생각하고 있습니다.

이승만 미 의회 연설

"나는 미국의 어머니들에게 마음속으로 깊은 감사를 드립니다. 자식을 남편을, 그리고 형제를 우리가 암담한 처지에 놓여 있을 때 보내주신 데 대해 감사합니다. 한국과 미국 두 나라 군인들의 영혼이 한국의 계곡과 산중에서 하나님 앞으로 올라간 것을 잊을 수가 없습니다. 하나님이 그들의 영혼을 받으시고 사랑해 주시기를 기원합니다.

나의 친구들이여, 평화는 결코 공산주의와 민주주의가 반반으로 남아 있는 세계에서는 회복될 수 없음을 기억합시다."

송재윤

저는 이승만 전 대통령이 미국 유학도 가기 전에 감옥에서 6년 동안 생활하면서 집필한 『독립정신』이란 책을 보면서 느꼈습니다. 우리가 독립정신이 무엇인지를 알기 위해서는 독립정신을 김일성이 추구했던 주체사상과 비교해 볼 필요가 있다고 생각합니다.

북한은 주체를 내걸고 가장 종속적인, 가장 노예적인 삶을 살고 있는 실패한 국가입니다. 그것은 독립정신에 정면으로 위배되는 것이죠. 이승만이 주장했던 독립정신은 고립주의가 아니었습니다. 그리고 자생주의가 아니었습니다. 그러니까 이승만이 추구했던 독립정신은 전 세계와의 공조 속에서 우리가 인류에 공여를 할 때 우리가 인류에 기여를 할 때 무언가 의미 있는 것을 만들어서 다른 사람들에게 우리가 전할 수 있을 때 우리가 더 강해지고 독립된다는 바로 그 정신을 얘기했습니다. 그렇기 때문에 개방주의를 선언했고요. 그리고 사대주의를 벗어난 어떤 자립주의를 주장했고요. 그 자립주의가 결국은 전 인류와의 공용으로 나아갈 수 있는 정신적 활로가 저는 열렸다고 생각을 합니다. 그렇기 때문에 이승만의 독립정신은 김일성의 주체사상과는 정반대의 길이었고 그것은 바로 대한민국이 문명을 꽃피울 수 있는 새 삶의 길이었다고 저는 생각을 합니다. 반면 주체사상은 고립주의였고 배격주의였고 외부와 자기를 차별지면서 그냥 독선적으로 우리 민족만 옳다는, 우리 민족끼리라는 구호로 압축이 됐고요. 그 결과 북한은 죽음의 길로 갔습니다. 그렇기 때문에 제가 보기에는 이승만의 독립정신이야말로 우리가 재조명을 해서 오늘날 한국 문명의 건설사를 설명할 수 있어야 되지 않을까 그렇게 생각하고 있습니다.

그럼 대한민국이 만들어지는 데 어떤 문명이 기여를 했느냐, 그걸 보면 우리는 전 인류의 역사를 생각해볼 필요가 있다고 봅니다. 왜냐하면 한국은 그냥 만들어진 게 아니라 앞선 민주주의 국가들을 거울 삼아서 만든 나라이기 때문입니다.

나레이션
이승만이 40분 간 연설하는 동안 박수에 의해서 연설이 33번이나 중단됐다. 연설을 마친 이승만은 미국의 정계, 군부, 언론계 지도자들 모두의 기립박수를 받으며 퇴장했다.

23. 이승만의 위대한 승리

나레이션

한미상호방위조약의 체결로 미국은 군사원조 4억 2천만 달러, 경제원조 2억 8천만 달러, 도합 7억 달러의 원조를 약속했다. 이 액수는 훗날 추가되어 8억 달러가 되었다. 당시 8억 달러는 엄청났다. 1954년 당시 우리나라 수출액이 2,400만 달러였다. 일년 내내 전 국민이 일해서 물건을 만들고 외국에 팔아서 벌어들인 돈의 34배를 이승만이 미국으로부터 공짜로 받아냈으니 탁월한 외교력이다. 원조 없이는 살기 어려웠던 우리에게는 생명수나 다름 없었다.

이경복

(회장님 협조해 주셔서 감사합니다. 회장님, 자주 말씀하신 것 중에 이승만 대통령 말씀 많이 하셨잖아요. 어떤 뜻으로 말씀하시는 거예요?) 우리가 알기로 이승만 박사께서 좋은 말씀을 많이 하셨는데 그중에서도 제가 마음에 두고 있는 말씀은 "한번 나라를 잃으면 그것을 되찾기가 얼마나 어려운가를 알아야 된다." 그 말씀을 하셨는데 실제가 그렇거든요. 우리 한국의 경우는 다행히 잃어버린 나라를 되찾기는 했는데 그것이 우리 힘으로 되찾은 게 아니라, 미국이 일본의 침략 행위를 막는 그런 일환으로 거저 되찾게 해준 거지 우리 힘으로 된 건 아니거든요. 그래서 우리가 나라를 되찾은 것이지. 지금 예를 들어서, 티벳 같은 경우 보세요. 1950년 6·25사변 와중에 중국한테 먹혀 가지고 곳곳에서 지금 독립운동을 하고 있지만 독립이 요원하잖아요. 그만큼 힘든 것이 나라를 되찾는 일이고 또 자유를 한 번 잃으면 그것을 되찾기가 얼마나 어려운가를 알아야 됩니다.

인서트

바로 그 점 때문에 인류 역사상 유례를 찾기 어려운 현상이 일어났다. 주한미군이 자발적으로 인질이 된 것이다. 이것이 소위 '인계철선(trip-wire)'의 개념이다. 인계철선이란 폭탄과 연결된 가느다란 철선을 의미한다. 적의 침투로에 설치하여 적이 건드리면 자동적으로 폭발하는 장치다. 이 개념에 따라 미군 제2사단을 북한군의 주요 예상 남침로인 한강 이북 중서부 전선에 집중 배치했다. 북한이 쳐들어올 때 미군과 맞닥뜨리도록 한 것이다. 그러면 미국은 자동적으로 참전하게 된다. 해외의 미군이 공격을 받으면 대통령은 의회의 승인 없이 전쟁을 선포할 수 있기 때문이다.

이순애

그게 하나하나 다 이 대통령이 다니시면서 해놓았기 때문에 다 초석이 되어 우리나라가 그렇게 된 거라고 생각해요. 제발 좀 우리나라에서 그분에 대한 공적을 (폄훼하지 않았으면 해요) 그게 우리의 자긍심이잖아요. 대한민국에 그런 분이 100년도 전에 그런 분이 계셨다는 것은 우리나라가 지금 거저 잘 살게 된 건 아니라고 생각하거든요. 저는 정치인도 아니고 역사가도 아니지만 외국에서 오래 산 사람으로서, 특히 프 여사의 책을 쓰면서 자료를 많이 본 입장으로서 저는 우리나라가 이제는 잘사는 것만 아니라 왜 그렇게 잘 살게 됐는지 기본이 어딘지, 그리고 그거를 제대로 평가해서 … 왜냐면 우리 아버지가 어떤 사람이었는지 제대로 아는 거는 되게 중요하다고 생각해요.

인서트

미국은 자발적으로 인계철선 역할을 맡겠다고 제안했다. 그 이유는 북한의 남침을 막는 동시에 이승만의 북침을 막기 위해서였다. 이로써 인류 역사상 찾아보기 어려운 현상, 즉 강대국이 약소국의 안전을 보장하기 위해서 최전방에서 지뢰가 되고 인질이 되는 일이 실제로 벌어졌다. 1953년 한미상호방위조약으로 한국의 안전은 보장되었고, 1954년 합의 의사록으로 군사 및 경제 면에서의 대규모 지원이 확정되었다. 한국은 전후 복구에 필요한 경제적 지원과 함께 한국군을 72만 명 수준에서 유지할 수 있는 군사원조도 받을 수 있었다. 군사·경제원조, 인계철선으로 우리 역사상 유례가 없는 장기간의 평화가 찾아왔다. 한미상호방위조약이 체결되었을 때 이승만은 이렇게 예견했다.

이승만의 말

"우리 후손들이 앞으로 누대에 걸쳐 이 조약으로 말미암아 갖가지 혜택을 누릴 것이다."

나레이션

한반도 및 그 주변 지역에 장기적인 평화가 유지되었다. 청일전쟁, 러일전쟁, 만주사변, 중일전쟁, 태평양전쟁, 한국전쟁 등, 불과 70년도 안 되는 기간 동안 대규모 전쟁만 6번 일어났던 한반도에 1953년 이후로 단 한 번의 전쟁도 일어나지 않았다. 한반도는 세계의 화약고였다. 그런데 한미동맹이 화약에서 뇌관을 제거해 버렸다.

인서트

미국의 확고한 방위 보장에 힘입어 한국의 비약적인 경제성장이 가능해졌다. 미군의 주둔과 지원은 국방비 절감 효과로 이어졌다. 한국은 1970년대 전반기까지 평균 GNP의 4%라는 비교적 적은 국방비만을 써가면서 경제개발 우선 정책을 추진할 수 있었다. 그것이 '한강의 기적'으로 이어졌다.

나레이션

한미동맹으로 한국은 군사강국이 될 수 있었다. 1907년에 대한제국 군대가 일본에 의해 강제로 해산될 당시, 군인 숫자는 중앙군 4,215명, 지방군 4,305명, 헌병대 205명, 도합 8,785명이었다. 1만 명도 안 되는 미약한 군사력이었다. 그런데 한미동맹으로 한국군 20개 사단이 현대화되었고 대한민국은 총 병력 70만의 대군을 거느리게 되었다.

인서트

한미동맹은 인류 역사상 가장 성공적인 동맹으로 평가 받고 있다. 이는 건국과 마찬가지로 우리 역사 최고의 천재인 이승만의 필사적인 노력이 만들어낸 결과다.

알링턴 국립묘지, 참배하는 아이들, 밴 플리트 장군 묘소

조평세

또 설명해 줄게. 그거 하나만 놓자. 그 위에 여기, 여기 옳지. 30초 동안 묵념. 밴 플리트(Van Fleet) 장군이면 아주 유명한, 아주 유명한 분이에요. 특히 우리나라의 건국 대통령 이승만 대통령이 아들처럼 여겼던 장군이에요. 그리고 밴 플리트 장군도 이승만 대통령을 아버지처럼 모셨어요. 마지막 돌아가시는 순간까지.

이렇게 죽은 사람들, 특히 나라를 위해 희생하신 망자에 대한 그 예우가 한국이랑 비교했을 때 정말 너무나 다르구나 이런 생각이 많이 들고, 이런 예식을 이렇게 처음부터 끝까지 하는 것도 끝까지 앉아서 혹은 서서 같이 묵념을 하면서 이렇게 지켜보는 그런 모습들을 볼 수가 있거든요. 그런 것들이 한국에서는 찾기 힘든 그런 문화인데 그런 것들에서 우리가 다 의미를 찾을 수 있을 것 같습니다. 죽은 사람들을 존중하고, 그리고 이 사람들이 왜 죽었는지를 상기함을 통해서 우리 살아있는 사람들이 어떻게 더 나은 사회를 만들 수 있을지 더 고민하는 그런 자세가 되지 않을까 이렇게 생각을 해요.

인서트
밴 플리트 장군는 한국을 위해 봉사했다.

조평세
그런데 밴 플리트 장군은 "내 아들을 찾기 위해 더 많은 희생자가 있어서는 안 된다"고 해서 수색을 딱 멈춘 거예요. 그러면서 결국에는 그 상태로 실종된 상태로 시신도 못 찾은 채 지금까지 와 있는 거예요. 그래서 여기 밑에 보면 로스트 인 코리아(Lost in Korea)라고 돼 있죠? 그래서 그런지 밴 플리트는 한국전쟁이 끝났을 때 전역을 했어요. 전역을 해서 민간인이 됐는데 민간인이 되고 나서도 한국을 너무나 사랑했어요.

24. 이승만의 마지막 순간

하와이 도착

조혜자 여사

그래서 제가 아버님을 제일 처음 뵐 때 하와이에서 저한테 물어보세요. (하와이에서요?) 그때 다친 애들이 어떻게 됐어? 그 ○○ 물어보세요. 제가 그래서 지금 정부가 잘해서 ○○도 잘 있습니다. 그래서 아버님이 그 얘길 들으시고서 "잘했어 그래야지." 돌아가시기 전까지만 하더라도 4·19 학생들에 대해서 항상 걱정을 많이 하셨어요. (일종의 마음의 짐 같은 것, 짐 같은 것으로 갖고 계셨겠네요) 마음에, 마음속에, 그러니까 사실은 제가 갔던 그해 12월에 갔거든요. 그때 비들이 많이 오는데 4·19 학생들에 대해서 또 편지가 많이 왔어요.

(4·19에 참여했던 학생들한테요?) 4·19 학생들이 그때 각하께서 이렇게 그만두셨는데 사실 우리의 마음은 이 대통령이 고의로 그만두시라고 한 것은 아니지만 이 어른이 그렇게 어려울 때 저렇게 결심하셨구나. 그것을 우리가 나중에 알고 나서 사실 '대통령이야말로 애국자이십니다. 우리는 존경합니다.' 그런 편지가 왔어요. 그러니까 그게 12월이니까 아버님 보시고 우셨어요. 우셔요. 그러니까 이제 어머님이 왜 아버님이 슬프게 우시냐? 그 이야기를 하니까 마음이 충격을 받으시면 일이 생길까 충격 받을 말씀을 하지 말라. 그런 얘기를 하지 말어. 그래서 또 여러 가지 나도 어머니와 같이 연기를 해서 그애들도 이제 다들 원이 없겠다. 지금 나라를 일하게 할 수 있으니까 걱정하지 마시라고 그랬더니 그때 아버

님이 마음을 가라 앉으시고 거기서 하시는 말씀이 그 노인이 그 때 90 아니세요? 당신이 돌아가신 어머니를 생각하셔서 "어머니, 어머니" 하시면서 우셨다고. 그러니까 우리 어머님이 그러셨어요. 어머님이 옆에서 나도 어머니가 보고 싶어요. 하여튼 그게 참 그러니까 왜냐면 당신이 시집오고 난 다음에 자기 어머니를 뵌 적이 없어요. 그랬겠지요.

아버님이 "어머니" 하고 소리 없이 우시니까 어머님이 "나도 어머님이 보고 싶다"고, 참 아주 아주 제가 참 가슴이 아프더라고요. 두 노인이 다 "어머니, 어머니"하고 우시니까. (두 노인이?) 두 노인이 "어머니, 어머니"하고 두 분이 다 우시니까.

나레이션

1960년 5월 29일, 이승만은 다시 하와이로 왔다. 1904년 조국을 구하겠다는 일념으로 제물포에서 3등칸에 몸을 싣고 왔던 하와이.

에드먼드 황

제가 기억하는 건 주로 가족들 이야기입니다. 이승만 대통령은 항상 고향에 가고 싶다고 하셨죠. 영부인께서 갈비를 준비할 때마다 왜 돈을 낭비하느냐며 꾸짖으셨던 걸로 알고 있습니다. 돈을 모아 한국에 돌아가야 한다면서요. 하지만 소원은 끝내 이루지 못했지요.

류석춘

그 시절에 우리나라의 지도자가 아니었으면 우리는 적화됐다고 생각해요. 이승만 아닌 모든 지도자들은 이 공산당 문제에 이승만 같이 확실한 스탠스를 못 취했습니다. 그때. 다 대부분 공산주의에 경도돼 있었고, 이승만만이 공산주의 본질을 꿰뚫고 '공산주의가 안 된다, 나쁜 거다'라는 것을 1923년에 『공산주의 당부당』을 썼잖아요. 그리고 동구라파에서 소련 러시아혁명 이후에 뭐가 벌어지는지를 이승만만큼 정확하게 아는 사람이 없고 그런 사람이 다행히 우리의 지도자로 있었기에 우리가 대한민국이라는 나라의 정체성을 지금 만들어낼 수 있었어요. 만약 이승만이 없었으면 적화됐습니다. 한반도 전체에 분명 공산주의 정권이 들어왔을 거라고 생각합니다.

1904년 11월 미국으로 떠나기 직전

"잘 있으라 동포들이여, 내 끝까지 그대들의 행복을 위해 싸우리
니 동포들이여 부디 잘 있으라."

데이빗 필즈

이승만은 독립운동가로서 대단한 일을 했다고 생각해요. 대부분
의 한국인들은 독립이 불가능하다고 생각하고 희망을 잃었던 때
이승만은 30년 이상에 걸쳐 이 사명에 헌신했어요. 설사 자신의 헌
신에 희망이 없어 보이더라도 기꺼이 희생을 감수했고 한국 독립
운동의 지도자로서 정말 많은 것을 희생했습니다.

인서트

그때 다시 하와이로 왔을 때 이승만은 정말 빈털터리였다. 마키
키 숙소도 윌버트 초이의 집을 빌린 것이었다. 나중에 미안했던지
서울 이화장 집에 관한 양도증명서를 주기도 했다. 이승만은 그
런 사람이었다.

에드먼드 황

프란체스카 여사는 남편의 건강을 걱정했지만 돈이 그렇게 넉넉지
는 않았습니다. 그래서 뭘 사더라도 신중을 기해야 했죠. 이승만
대통령은 영부인이 시장에서 돌아올 때마다 무엇을 샀는지 궁금
해 하셨어요. 그래서 고기를 사면, "아, 학성이가 줬다"고 말씀하
셨던 것 같아요. 삼촌이 사다 드렸다고 하면 받으셨던 것 같아요.

이화장 양도증명서

나레이션

이승만의 마지막 하와이 인생은 5년이었다. 그 시간 동안 그는 고국으로 돌아갈 날만을 손꼽아 기다렸다. 하지만 그런 기회는 좀처럼 찾아오지 않았다.

데이빗 필즈

제 프리젠테이션에서 이승만이 한국 사회를 근본적으로 변화시키려는 혁신가라는 점을 강조했어요. 세 가지 변혁에 기반해서 말이지요. 첫 번째 변혁은 조선왕조에 대한 변혁이었습니다. 이승만은 한국이 입헌 군주제나 민주주의로 개혁을 함으로써 일본, 러시아, 중국에 대한 독립을 유지할 수 있기를 원했는데 그로 인해 1890년대 후반, 20세기 초에 그는 7년간 투옥됩니다. 바로 이것이 첫 번째 변혁입니다.

조혜자 여사

그 이야기 들으면서 어이가 없더라고요. 어머님이 저 오스트리아에서 오셨을 때 그 돈을 가슴에다가 꿰매가지고 오셨더라고요. 그 속내의에다가, 꿰매 가지고 오셨는데. 그때 그 돈이 3천 불이었어요.

어머님 말씀은 "진실은 다 결국 밝혀진다." 그러고 하시는 말씀이 저보고 "나폴레옹은 명예 회복하는 데 200년 걸렸다. 우리 한국 사람들 바보 아니다. 우리 한국 사람들은 더 빨리 아버님 명예를 더 빨리 회복시켜주실 것이다. 걱정하지 마라." 그러시더라고요.

나레이션

1965년 7월 19일, 이승만은 하와이 요양원에서 고국이 있는 서쪽 바다를 바라보며 생을 마감했다.

이승만 대통령 장례식

텍사스 변호사

건국의 아버지는 마땅히 존중해야 한다고 생각합니다. 사회가 어떻게 변했는지는 중요하지 않죠. 사회제도가 확립된 결과를 보면 제대로 된 것임이 입증되었으니까요.

나레이션

장례식에는 하와이에서 그와 함께 독립운동을 했던 동지회의 동지들, 그리고 멀리 플로리다에서 아들과도 같았던 밴 플리트 장군이 참석했다. 그날 이승만의 평생 친구였던 장의사 보스윅은 눈을 감은 이승만의 얼굴을 만지며 흐느꼈다.

피리부는 남자

그래서 젊은 세대를 가르쳐야 합니다. 건국의 아버지가 국가를 위해 무엇을 했는지 알려주고 그들의 정신을 보전해야 합니다.

보스윅의 말

"내가 자네를 잘 안다네. 내가 자네를 잘 안다네. 자네가 조국을 얼마나 사랑하고 있는지. 자네가 얼마나 억울한지! 내가 잘 안다네! 친구여! 자네가 얼마나 고생했는지! 애국심 때문에 자네가 그토록 비난을 받고 살아온 것을 내가 잘 안다네, 친구여!"

조혜자 여사

(아버님 머리를 이렇게 탁 짚으면서) 그게 뭐냐면 관뚜껑을 열고 있는데 이마를 탁 (대통령 머리) 짚고서 "내가 안다. 내가 안다. 이 사람이 나라를 사랑하기 때문에 일평생을 고생을 했다. 나라 사랑하는 애국이 이 사람을 고생을 시켰다." 아 참, 그러고서는 그 옆에서 나부터 울었어요.

(선생님도 그때 옆에서 울으셨어요?) 그 옆에 있었으니까. (그때 보스윅이 그렇게 아버님 머리 이렇게 마지막으로 만지면서 나는 안다. 나는 안다 이렇게 얘기했을 때 옆에서 지켜보시면서 아드님으로서 심정이 어떠셨어요?) 아이고 더 말할 수 없죠.

(나라를 사랑하는데) 그러니까 장례식장에 이분이 일평생 왜 고생을 했느냐? 나라를 위해서 했다. 그것을 내가 안다. 그렇게 얘기하니까 옆에서 저도 옆에서 눈물이 나고. 참 이 보스윅이라는 사람은 이 대통령을 잘 아는 사람인데, 이렇게 그분은 한 3년인가 더 있다가 돌아가시고. 그분이 아버님, 어머님하고 연세가 비슷해.

1960년 7월 20일, 『애드버타이저』 사설

"이승만의 90년 삶에는 불타는 열정과 논란이 있었지만, 1950년대 이승만과 대한민국은 미국 반공산주의의 심볼이었다. 이승만은 2차 대전 후 아시아에서 가장 뛰어난 지도자였고, 미국 정부는 그에게 모든 협조를 다했다. 아마도 그가 너무 오랜 나이에 너무 오래 정권을 잡고 있었다고도 생각할 수 있지만 그는 단순한 미국의 꼭두각시가 아니었다. 무엇보다 이승만은 대한민국의 애국자였다."

이동욱

이 엄지손톱에 속하는 대한민국은 1948년 8월 15일 이승만에 의해 비로소 해양문명으로 돌아선 나라입니다. 그 이후 우리는 오늘날 단군 이래 가장 유복하게 지금 이 풍요를 누리고 있죠. 그런데 이 속에서 이승만 대통령이 말씀하셨던 그 자유가 무엇인지 정말 지금까지 제대로 교육된 바 없고요. 앞으로도 누군가에 의해 제대로 교육되어야 하지만 그런 노력을 하는 사람은 찾기 힘드네요.

나레이션

장례식이 끝난 뒤 이승만의 유해는 하와이 히컴 공군기지로 향했다. 예포가 발사되었고 군의장대의 사열을 받으며 운구 행렬은 공항 안으로 들어섰다. 비행기는 밤에 공항을 떠났다. 비행기가 이륙하자마자 기장은 다음과 같이 안내 방송을 했다.

오디오

본 항공기는 고인의 뜻을 기려서 웨이크 아일랜드를 경유하여 대한민국 서울로 향할 예정입니다.

류석춘

어떻게 보면 대한민국 사람 중에 가장 먼 데를 내다보고 시간을 정말 앞서간 분이에요. 우리는 한 10년, 20년 지나니까 이승만 선생님이 그때 그런 일을 한 이유가 이거였구나를 알고 지금 100년 후에 간신히 아는 사람도 많아요. 지금 100년을 앞서간 거예요, 100년을.

나레이션

죽어서도 일본 땅 위로는 날지 않겠다는 평소의 소신을 그대로 보여준 항로였다.

이한우

그게 하늘이 준 우리한테 준 선물이죠. 그렇게밖에 설명을 못하겠어요. 정말로 그런 인물이 나온다는 게 참 어렵죠. 제가 그래서 그 모델로 해서 지금 제가 서양 철학에서 동양으로 반대로 와서 양쪽을 다 하잖아요. 그러니까 양쪽을 다 해보니까 좀더 이승만 대통령이 더 잘 이해되죠.

이승만 대통령 장례식

25. 에필로그

1948년부터 1960년까지 이승만 정부가 이룩한 업적들

이승만 통치 시기는 대한민국 역사에서 가장 빈곤한 시절이었다. 하지만 굶주리는 나라가 교육에는 정부 예산의 10% 이상을 투자했다. 덕분에 대한민국 아동 96%가 초등교육을 받을 수 있었다. 78개 대학에서 10만 명의 대학생들이 공부하고, 수십만 명이 졸업했다. 여대생은 9만여 명에 달했다. 당시 대학생 숫자로는 세계 제4위였다.

1인당 GDP 60달러 하던 시절, 이승만 정부가 유학과 연수 등으로 미국에 보낸 인원은 2만여 명이었다. 그들은 학업을 마친 뒤 고국으로 돌아와 대한민국 경제발전에 복무했다. 한국전쟁으

로 손해 받은 30억불의 대전재를 1957년까지 완전 복구했다. 주택 52만 호가 새롭게 건축됐다.

1959년 양곡 생산 420만 톤, 국민들은 실컷 먹고도 남아서 수출했다. 이승만 대통령의 집권 기간, 11년 8개월 중 정당·정치 결사의 자유가 보장되고, 제헌의회 선거를 포함해 모두 11차례의 전국 선거가 실시됐다. 1년에 한 번 꼴로 선거를 통해 국민의 뜻을 물었다.

왕과 양반 남성들이 독점하던 자유가 국민 전체로 확산되는, 한국 역사상 초유의 '자유의 확장'이 전면적으로 벌어졌다. 신문 용지 생산이 1948년 786MT에서 1958년 10,1689MT로 증가했다. 신문 용지 생산량은 그 나라의 민주주의와 언론의 자유가 얼마나 발전했는지를 나타내는 지표였다.

북한의 단전으로 부족했던 전력은 곧이어 2.42% 증가했고, 전기세도 안정됐다. 1957년 6천 50만환이던 저축고는 1958년 2월에는 1억 240만환으로 증가했다. 이승만 정부는 1달러 700원의 환율을 목숨걸고 방어했다. 뒤이어 들어선 장면 정부의 1,300원에 비하면 대단한 일이었다. 1957년 원자력이 뭔지도 모르는 시대, 이승만 정부는 원자력 전문가를 키우기 위해 국비 유학생 제도를 도입했다.

미래를 위한 인재를 양성 연구용 원자로 건설을 위해 35만 달러의 예산을 배정했다. 1959년 7월 연구용 원자가 대한민국 땅에서 처음 건설되었다. 덕분에 오늘날 대한민국의 원전 기술은 세계 최고다. 이승만의 경제개발 3개년 계획은 박정희의 경제개발 5개년 계획으로 승화·발전되었다. 대한민국 경제발전의 토대가 마련된 것이다.

한미상호방위조약으로 국가의 안정이 보장되었다. 덕분에 대한민국이 북한을 압도할 수 있는 기반이 마련되었다.

이승만의 토지개혁으로 소작농이 사라지고 모든 농민이 자기 소유의 땅을 가졌다. 토지자본에서 산업자본으로의 전환이 순조롭게 이뤄졌고 그것은 대한민국의 기업들이 세계를 상대로 경쟁할 수 있는 토대가 됐다. 동해상에 이승만 라인을 선포하고 그것을 평화선이라는 이름으로 불렀다. 이승만의 영토를 지키겠다는 의지는 '독도'를 지키는 데 큰 역할을 했다. 그는 한국전쟁에 이어 두 번이나 대한민국의 영토를 지킨 유일한 대통령이었다.

발행인의 글

"내가 자네를 잘 안다네. 내가 자네를 잘 안다네. 자네가 조국을 얼마나 사랑하고 있는지. 자네가 얼마나 억울한지 내가 잘 안다네! 친구여! 자네가 얼마나 고생했는지! 애국심 때문에 자네가 그토록 비난을 받고 살아온 것을 내가 잘 안다네, 친구여!"

이승만 대통령의 평생 친구였던 장의사 보스윅은 눈을 감은 이승만의 얼굴을 만지며 흐느꼈다. 이 장면에서 가슴이 먹먹해지고 눈시울이 붉어졌다. 대한민국의 독립을 위해 해외에서 수년을 달려온 그의 말로가 왜 이리 참담해야 할까?

4월 총선이 다가오는 가운데, 대한민국 초대 대통령인 우남 이승만의 삶을 다룬 다큐멘터리 영화 「건국전쟁」이 센세이션을 일으키고 있다. 영화진흥위원회의 자료에 따르면, 2월 22일 기준으로 영화의 누적 관객 수는 82만 명에 달하고, 주말 관객의 증가를 기점으로 100만 명 돌파가 예상된다고 한다. 다큐멘터리 장르에서 5만 명의 관객이 손익분기점인 것을 생각하면 이는 예외적인 성공 사례로 꼽힌다.

정치적으로 이렇다 할 영향력을 발휘하지 못하던 국민의힘(여당)을 비롯한 보수 진영에서는 이 영화를 둘러싼 인증 릴레이가 활발히 이어지고 있다. 영화를 제작한 김덕영 감독은 「건국전쟁」의 관객 수가 조만간 100만 명을 돌파할 거라며 대중의 성원에 힘입어 「건국전쟁 2」 제작에 착수할 계획이라고 밝혔다.

「건국전쟁」이 이승만의 공적에만 주안점을 두고 그의 과오는 거의 언급하지 않았다는 비판이 제기되어왔지만, 이 작품은 북한을 포함한 국내 좌파 진영이 어떻게 이승만 대통령을 악마화했는지 그 경위에 주목하고 있다. 이를테면, 북한은 공식 백과사전을 통해 6·25전쟁 당시 김일성의 적화통일 야욕을 좌절시켰다는 이유로 이승만 대통령을 지속적으로 악마화해온 반면, 이승만과 대립하며 김일성과 일정한 관계를 맺었던 김구와 김규식, 여운형 및 조봉암 등을 두고는 비교적 우호적인 평가를 내린 것으로 알려졌다. 이처럼 북한의 역사관은 대한민국의 좌파 진영에 영향을 주어 이승만을 폄훼하는 수단으로 전락하고 말았다.

『조선대백과사전』은 이승만 대통령을 "친미 매국 역적이요, 남한의 첫 괴뢰(꼭두각시) 대통령"으로 치부하여, 그의 생애와 정치 경력을 부정적으로 기술했다. 예컨대, 그는 1919년 3·1운동 이후 미국에서 활동하며 임시정부의 집정관 및 국무총리를 역임했으나 임시정부로부터 외면받고 오랜 기간 미국에 거주하며 친미 반공 인사로 변모했다는 것이다. 또한 1945년 10월에는 미 군정의 지원에 힘입어 서울로 돌아와 여러 정치적 직위를 거치며 1948년 8월 남한의 첫 대통령이 되었다고 한다.

이승만 대통령의 집권 당시 행적을 두고는 그가 북진통일을 주장하며 미국의 지원으로 1950년 6월 25일 북한을 공격하기 시작했고, 이로써 남한은 미국의 식민 군사기지로 전락했다고 주장했다. 널리 알려진 바와 같이, 김일성이 소련의 스탈린과 중국의 마오쩌둥으로부터 사전 승인을 받아 시작되었다는 남침설과는 크게 대립되는 대목이다. 그럼에도 북한은 여전히 6·25전쟁을 이승만과 미국의 북침으로 오도하고 있다. 북한을 비롯한 좌파 세력의 날조된 주장과 '런 승만'을 둘러싼 오해와 진실, 그리고 미국에서 국가의 위상을 드높인 우남 이승만 대통령의 진면목은 무엇인지 활자와 이미지로 다시 생각해 보길 바란다.

끝으로, 자막 읽는 게 다소 불편한 친구 임갑철에게 늘 미안한 마음이 든다. 「건국전쟁」을 봤는지는 모르겠지만 다행히 각본집이 나와 그 친구도 다큐멘터리를 편히 감상할 수 있을 듯하다.

2024년 2월

발행인 유지훈

독재주의가 자유와 진흥을 가져오지 못하는 것은 역사에 증명된 것입니다.

민주제도가 어렵기도하고 또한 더디기도 한 것이지만 의로운 것이 종말에는 이기는 이치를 우리는 믿어야 할 것입니다.

민주제도는 세계 우방들이 다 믿는 바로 우리 친구들이 이 전제정치와 싸웠고 또 싸우는 중입니다.

세계의 안목이 우리를 드러다 보며 역사의 거울이 우리에게 비치어 보이는 이때에 우리가 민주주의를 채용하기로 하고 30년 전부터 결정해서 실행하여온 것을 또 간단없이 실천해야 될 것입니다.

민주주의 제도로 성립된 정부만이 인민의 자유를 보장하는 정부입니다.

사상의 자유는 민주국가의 기본적 요소이므로 자유권리를 행사하여 남과 대치되는 의사를 발표하는 사람들을 포용해야 할 것입니다.

당으로나 정부를 전복하려는 사실이 증명되는 때에는 결코 용서가 없을 것이니 극히 주의해야 할 것입니다.

민주주의가 인민의 자유권리와 참정권을 다 허락하되 불량분자들이 민권자유라는 구실을 이용해서 정부를 전복하려는 것을 허락하는 나라는 없다.

모든 자유우방들의 후의와 도음이 아니면 우리의 문제는 해결키 어려울 것입니다.

40년 왜적의 압박으로 철천지한을 품은 우리로서 국권을 회복하여 독립자주국민으로 다 같이 자유복락을 누리며 살자는 목적 하에 3천만 남녀가 제 피와 제 생명을 애끼지 않고 분투하는 중이어늘 어찌하여 남의 나라에 제의 조국을 부속시키고 그 노예가 되자는 불충불의한 언행으로 도당을 모아 장관과 동족의 남녀를 참혹하게 학살하고 내란을 이르켜 정부를 전복하려는 음모로 참담한 정경을 이르고 있는가.

이북의 사정이 아모리 어려울지라도 조곰도 염여 말고 굳건히 서서 여전히 분투함으로 세계 우방들로 하여금 우리 이북동포가 다 공산화되지 않은 것을 알게 해야 될 것입니다.

공산국에 가서 그 내정을 보면 자유도 없고 생활상 형편도 살 수 없게 된 것이니 공산국에서 군력의 압제가 아니면 하로라도 부지하기 어려운 터이므로 공산국 내지에는 타국 유람객이나 신문기자를 허락지 않아서 철막을 만들어 놓고 밖에 대해서는 누구나 잘 사는 세계같이 자랑하여 세상을 속이는 짓뿐이니 이것은 이북동포들이 지나간 3년간 경험으로 소상히 알 것입니다.